LEO
E O MISTÉRIO DA REVOLUÇÃO

RICARDO PRADO

EDITORA DA PONTE

LEO E O MISTÉRIO DA REVOLUÇÃO

Coordenação editorial
Ana Luisa Astiz e Letícia Carvalho Lopes

Edição e seleção de músicas
Carlos Mendes Rosa

Revisão
Aline Graça

Capa
Rodrigo Disperati | Collecta Estúdio

Projeto gráfico e diagramação
Erika Tani Azuma e Rodrigo Disperati | Collecta Estúdio

Produção gráfica
Marina Ambrasas

Dados Internacionais de Catalogação na Publicação (CIP)
(Câmara Brasileira do Livro, SP, Brasil)

Prado, Ricardo
Leo e o mistério da revolução / Ricardo Prado. – 2. ed. – São Paulo : Editora da Ponte Soluções em Educação, 2024.

ISBN 978-85-69523-48-2

1. Adolescência – Literatura infantojuvenil
2. Amizade – Literatura infantojuvenil 3. Música – Literatura infantojuvenil 4. Mistérios – Literatura infantojuvenil I. Título.

24-214358 CDD-028.5

Índices para catálogo sistemático:
1. Literatura infantojuvenil 028.5
2. Literatura juvenil 028.5
Aline Graziele Benitez - Bibliotecária - CRB-1/3129

Este livro segue o Acordo Ortográfico da Língua Portuguesa (1990), em vigor no Brasil desde 2009.
2.ª edição, agosto, 2024.

contato@editoradaponte.com.br
www.editoradaponte.com.br
instagram.com/editoradaponte

Para Wilma, que me ensinou que a maior coragem é a alegria.

*Para Gustavo, Tomás e Lara, os filhos que me ensinaram
que a paternidade é a minha vocação mais feliz.*

Para Bíbi, com quem amar é, finalmente, alcançar a vida.

SUMÁRIO

Dica do Leo:
Sempre que aparecer este ícone, aponte a câmera do seu celular para o *QR code*. Assim, você poderá ouvir a faixa citada diretamente da plataforma de *streaming*.

Praga, dezembro de 1989 a março de 1990.

VAZIO

"Quando, certa manhã, Leopoldo Armando acordou de sonhos intranquilos, encontrou-se em sua cama metamorfoseado num menino comum."

Meu destino não é tão terrível — em um quarto como este, em uma manhã como esta, aqui nesta cidade, Gregor Samsa acordou transformado em inseto. Franz Kafka escreveu *A Metamorfose*, a história desse pobre homem absurdo. Ele tem sido meu companheiro desde que cheguei, dois dias atrás. Agora resolvi lê-lo devagar, porque há poucos livros aqui. Por enquanto tenho apenas um aparelho de som pequeno e alguns CDs e fitas cassete. Espero que a minha coleção de discos chegue logo. A coisa de que mais gostei até agora foi a biblioteca, que me lembra o escritório do meu avô. A maior parte dos livros é em tcheco. Também tem uns em português, só que de assuntos como economia e política, nada que me interesse. Não encontrei nenhum livro de literatura brasileira. Quando perguntei por eles, meu pai me olhou muito sério.

— Você tem certeza, Leopoldo Armando?

— Não, mas procurei na biblioteca inteira e não encontrei.

— Isso é grave, vou tomar providências.

— Achei uns livros de Kafka em português. Posso ler?

— Pode e deve. É um escritor tcheco, um dos mais importantes autores do século XX.

Desde que chegamos, ele trabalha até tarde, sai para reuniões, volta mais sério ainda e se fecha com outros diplomatas da embaixada. Os telefones tocam o dia inteiro, e sempre tem gente agitada que sorri no automático quando me vê e logo se fecha. Minha mãe disse que há uma grave crise política aqui na Tchecoslováquia, mas ela também não sabe grande coisa.

A embaixada e a residência do embaixador, onde eu moro, ficam em um casarão imenso, cheio de salões, corredores, todos altos e vazios. Não há luxo nenhum, e é superconfortável. O bairro é residencial, cheio de árvores, casarões antigos, ruas sinuosas e tranquilas, e tudo muito deserto. Não se vê gente nas ruas; ninguém passa. O frio lá fora é de rachar, e a neve está por toda parte.

Meu quarto é mesmo o melhor da casa. Tem espaço suficiente para andar de esqueite entre a porta e a janela. É no terceiro andar do casarão, vizinho de alguns cômodos desocupados e trancados. Estou tão longe de todos que posso gritar, cantar, falar sozinho. Experimentei pedir socorro, e ninguém me ouviu — como eu quero. Minha cama é imensa, cheia de travesseiros grandes e macios. Tenho um armário antigo, escuro, no qual planejo subir qualquer dia destes, ainda não sei bem para quê. No canto do quarto há uma lareira incrível, com uma porção de ornamentos de pedra e detalhes de bronze, mas ela não é acesa faz bastante tempo; o quarto é aquecido por um daqueles cacarecos de metal, que já me acordou algumas vezes com estalos e assobios. A escrivaninha cheia de gavetas é suficientemente grande para jogar pingue-pongue. Fica bem embaixo da janela, avantajada como uma porta, de onde vejo um jardim cheio de ciprestes e alguns pinheiros antigos. A vista é bonita, com telhados de todos os tamanhos, feitios e alturas, alguns com pequenas torres metálicas, esverdeadas pelo tempo. Ontem fiquei horas olhando o espaço e não vi um inseto, um pássaro, nada. Tudo vazio. De vez em quando, um pouco de neve.

De frente para a lareira, com um abajur ao lado, está uma poltrona, que decidi que é a da Helena. Coloquei ali os dois melhores travesseiros. Sorrio para eles quando apago a luminária da mesinha de cabeceira, antes de dormir, esperando acordar metamorfoseado em um menino comum.

NATAL

No saguão da embaixada, há uma árvore de Natal antiga com um tom verde-escuro desbotado, umas poucas bolas coloridas e uns embrulhos improvisados e feiosos. Aqui quase não fazem festa de Natal, e a data nem é feriado. Coisa de país comunista, como me explicaram. Além disso, uma revolução está em marcha. Muito mais importante do que essas ideias que, agora, enquanto escrevo, começam a passar na minha cabeça como nos desenhos animados, espirais coloridas do tempo em que coisas e pessoas vão rodando e desaparecendo, sendo engolidas para uma dimensão desconhecida e inatingível do tempo, do espaço, da maluquice do autor do desenho, da minha própria maluquice, das lembranças dos Natais sempre na casa da Helena, cheios de presunto assado, frutas, fios de ovos, castanhas portuguesas, nozes, passas, doces de amêndoa e da mais deliciosa das iguarias: as rabanadas. Depois, os presentes, as caixas coloridas de vários tamanhos, embrulhadas em lindos papéis, laços de fita e pequenos cartões para que ela pudesse identificar a quem se destinava cada um. Para Helena, essa era a melhor festa do ano, que exigia meses de preparação: os presentes, que começavam a ser comprados e escondidos cuidadosamente, os que ela mesma fazia com as mãos habilidosas, as receitas que queria experimentar, a arrumação da mesa para a ceia.

Pouco antes do almoço, fomos chamados para abrir os presentes, e minha mãe ficou me explicando o que eu já sabia — a confusão da viagem, a revolução, o excesso de trabalho do meu pai, a precariedade do comércio nos países socialistas, o diabo a quatro.

Todos estavam agitados, e os presentes foram trocados e abertos na maior correria. Um par de luvas de tricô, um cachecol, um conjunto de apoios para copos feitos com recortes de revistas plastificados, quase tudo feito à mão. O grande sucesso foram os presentes que meu pai, minha mãe e eu distribuímos, depois de ele se desculpar por não podermos manter as correspondências por falta do malote diplomático. Eram pequenos pacotes com goiabada e doce de leite, e eu vi a secretária do meu pai enxugar uma lágrima.

Uma das coisas de que mais tenho saudades é a comida. A daqui não é ruim. E não é boa. Temos sempre feijão-preto nas refeições, o que me parece a pior das ideias. Se é o nosso prato nacional, deveríamos estar mais bem representados do que por essa água com uns melancólicos grãos pálidos, sem sabor algum. Fico imaginando o que pensa de nós o pobre cozinheiro tcheco, obrigado a preparar essas coisas esquisitas que os brasileiros dizem adorar mas parecem comer sem nenhuma satisfação.

No almoço, somos apenas eu e minha mãe; no jantar, meu pai vez ou outra se junta a nós. Comemos em uma saleta que é extensão da cozinha, porém diferente do que chamamos de copa, porque é um ambiente mais formal. A sopa normalmente é a melhor parte. Depois, todo dia há carne ensopada, salsichas ótimas, batatas cozidas ou coradas ou fritas ou assadas ou misturadas com cebola e presunto, mas sempre comemos batata; e o triste feijão, é claro. As sobremesas são tortas e bolos, que eu adoro. E tem frutas vermelhas, maçãs e uvas, também deliciosas.

Nossas refeições são servidas por um senhor grisalho, bigode bem aparado, corpulento, educado, gentil, silencioso, com uns olhos azuis impressionantes. Ele se chama Václav, fala um português incrivelmente bom e cheio de erres e sempre inclina a cabeça de lado, como se quisesse aproximar a orelha para ouvir melhor. Ele também cuida do jardim e mantém o carro limpo, o que me parece muito trabalho para uma pessoa daquela idade.

PIVO

Se as comemorações de Natal foram tão sem graça, nosso jantar foi inesquecível. Além de nós três e Václav, havia dois convidados tchecos que não pude compreender muito bem quem eram. O jantar foi servido na sala grande, com uma mesa em que seria possível acomodar várias pessoas. Enquanto tomávamos a sopa, os convidados elogiaram a variedade das cervejas oferecidas, que os deixava, sendo tchecos, muito orgulhosos. Meu pai disse que não era um conhecedor, que bebia pouco e só com as refeições. Não gostava dos vinhos tchecos, mas as cervejas eram as melhores que ele conhecia. Václav comentou:

— Senhor embaixador, da mesma maneira que ninguém vai à Itália para beber cerveja, ninguém vem beber vinho na Tchecoslováquia.

Todos riram e brindaram. Mas eu não poderia imaginar o que aconteceria em seguida. Meu pai olhou para mim com a maior tranquilidade e me perguntou:

— Leopoldo Armando, você já experimentou estas cervejas?

— Não, pai, nunca.

— Pois já está na hora da primeira. Por favor, senhor Václav, escolha uma para o meu filho provar.

— Senhor embaixador, minha sugestão é a Staropramen, a cerveja típica de Praga.

Os convidados tchecos fizeram caras escandalizadas ao verem Václav pegar a garrafa marrom. No inglês muito enrolado que falavam conosco, todos tinham opiniões e conselhos para dar.

— O senhor me perdoe, senhor embaixador, mas o seu mordomo parece desconhecer que nossa cerveja nacional é a que é feita a 80 quilômetros daqui desde 1842, na pequena e magnífica cidade de Plzeň, que influenciou o resto do mundo com a cerveja Pilsen, clara, leve...

— Não, não... Estão seguindo o critério errado. Para que misturar cerveja com política? Que importa se a cerveja é de Praga ou de qualquer outra parte? O importante é o sabor. Este rapaz precisa provar uma Budweiser Budvar, a verdadeira, não aquela imitação barata dos imperialistas americanos, que da nossa só tem o nome.

A partir daí, iniciaram uma discussão em tcheco que parecia uma disputa de vida ou morte, pontuada por olhares ameaçadores, mãos agitadas. Embora falasse sem parar, Václav se manteve absolutamente tranquilo, sem perder a pose e a cerimônia. A toda hora ouvia-se *pivo* para cá, *pivo* para lá. Até que meu pai resolveu interferir.

— Senhores, eu também quero aproveitar a oportunidade para degustar as cervejas, seguindo as suas orientações. Vamos provar um pouco de cada para conhecê-las.

E eu aproveitei a oportunidade para tirar a minha dúvida.

— Por favor, o que significa *pivo*?

Todos começaram a rir: *pivo* significa cerveja. Começamos a provar um pouquinho de cada uma e, se no início pareciam amargas demais, logo eu estava achando uma delícia, sempre prestando atenção ao que o meu pai fazia. Minha mãe pediu licença para se retirar. Um daqueles senhores tchecos disse que, como eu já experimentara algumas cervejas e estava lendo Kafka, ele me considerava um tcheco adotivo. Levantaram um último brinde, e um pequeno aceno de cabeça do meu pai, imperceptível para os outros, me indicou que era hora de deixá-los sozinhos.

Subi para o meu quarto feliz como nunca, me sentindo um homem que já podia ser aceito em um círculo só de homens que bebiam as melhores cervejas e discutiam os destinos do mundo. E eu estivera entre eles, convidado pelo meu pai.

Quando cheguei ao quarto, havia um pequeno pacote sobre a cama com um cartão:

Meu filho, para você se sentir um pouco mais em casa nesta sua nova cidade. Tenha calma e você aprenderá a gostar dela. Feliz Natal! Um beijo da sua mãe.

Praga, Natal de 1989.

Quando abri, era uma camiseta bonita, vermelha e branca, com a marca do que entendi ser um time de futebol de Praga: Slavia. Ficou um pouco grande, mas decidi dormir com ela, feliz com o carinho da minha mãe.

Fui dormir pensando que seria ótimo acordar no dia seguinte como alguma coisa que nem é inseto nem menino comum.

BABEL

Hoje foi o meu primeiro dia de aula. É mais uma daquelas escolas cheias de caras e garotas vindos de várias partes do mundo, que tiveram de interromper os estudos para sair correndo a outro lugar onde não sabem quais serão as matérias. Alguns, como eu, foram salvos nas notas de matemática, mas logo serão atirados a novos leões. Todos querem mostrar que não precisam mesmo de mais ninguém, que já sabem e já têm tudo. Quase todos são filhos de diplomatas ou executivos de multinacionais, cada um com uma história de peregrinação por países distantes, muita solidão, muita dissimulação. Todos sentem saudades, todos estão com medo e doidos para encontrar alguém para dividir opiniões, vontades, dúvidas, tudo que todos sentem e fingem não sentir — e aí ninguém procura ninguém.

Você deve parecer indiferente e distante, mas sem timidez. Se alguém puxa conversa, logo todos estão conversando e opinando, sem demonstrar um interesse especial, apenas aquele fastio de quem já sabe tudo. Inglês, francês e espanhol são línguas bem conhecidas, aqui e ali salpicadas com um pouco de alemão ou italiano, mais raras e, por isso mesmo, consideradas sofisticadas e charmosas.

Eu não gosto dessa gente e já sei que vou acabar fazendo amigos entre os africanos, talvez algum português — é que faz uma falta danada ouvir a minha língua. Essas escolas são pequenas torres de Babel em que todos falam com todos e ninguém se entende. Dá saudade da minha boa e velha escola, da galera, do Felipe mexendo com o lápis nos cabelos da Alice e das outras bobeiras.

Another brick in the wall (Part 2)
Pink Floyd

Todo mundo agora anda com fones de ouvido, e a minha maior curiosidade é saber o que cada um ali está ouvindo. Fiquei imaginando que, sem darmos conta disto, todos estávamos ouvindo a mesma coisa, a mesma música. Qual seria? Pink Floyd? "*We don't need no education, we don't need no thought control*" (Não precisamos de ensino nem de lavagem cerebral).

É o que eu sempre disse: aqui dentro, você precisa de um relógio, uma máquina que fica ali contando o tempo para você, que faz tique-taque bem baixinho para não enlouquecer ninguém. Também, pensando bem, para quê? O que existe lá fora é Praga, uma terra outra, de outro, de alguém, longe de tudo e de todos, sem referências, apenas uma noite escura de mar furioso sem farol, nenhuma luz piscando em direção alguma.

Se eu sair daqui e não tiver ninguém me esperando, não sei dizer onde moro nem sei dizer nada nessa língua estranha que eu sei que deu um sujeito doido e genial como aquele senhor Kafka. Ué, mas ele não escrevia em alemão? Ele escrevia como um doido, mesmo sendo burocrata, um homem miúdo de cabelos curtos e olhos pequenos, com aquele estranho nome de passarinho. Uma gralha, uma gralha negra, senhor Kafka, um inseto de ondulada barriga marrom e sua couraça, senhor Samsa, e essas coisas todas que podemos ser, que somos, que duvidamos, que não sabemos nem supomos, que tentamos adivinhar e esconder. Mas como assim, dentro de *headphones* em um pátio cinza de pedra na fria manhã de Praga, essas crianças de sobrancelhas arqueadas e eu, aqui? Que bicho eu sou?

Quando saí da escola, minha mãe me esperava em um táxi. Estava falante, ansiosa, o tempo todo olhando as ruas, perguntando ao pobre motorista se estávamos seguros, e ele respondia apenas "*yes, yes*", muito mais por essa ser provavelmente uma das três palavras que ele sabia em inglês do que por convicção. As ruas estavam vazias, mais do que de costume, e o único ruído que se ouvia, longe, era o de várias sirenes. Minha mãe explicou que havia manifestações no centro da cidade e ela queria chegar à nossa casa quanto antes.

Meu pai estava reunido com sua equipe e não queria que saíssemos mais. Foi um alívio cruzarmos os portões da embaixada, e eu me sentia estranho; certamente tive medo, mas também gostei da sensação de aventura e perigo. Fiquei imaginando o que meu pai estaria fazendo, quais assuntos discutia, quais decisões tomava.

Almoçamos sozinhos. Václav estava ocupado atendendo à correria na embaixada. Minha mãe fez para mim uma omelete de queijo ótima. Tomamos refrigerante, comemos torta de chocolate e conversamos sobre a nossa nova cidade.

Ela se apaixonara pela beleza e variedade de arquiteturas, pelos prédios medievais, barrocos, *art nouveau*. Ela me explicou que Praga, ao longo dos séculos, fora protegida de invasões e bombardeios, o que possibilitara ter tantos prédios tão antigos. Estava ansiosa para que acabasse aquela agitação política, que ela também não compreendia muito bem, para podermos passear pelo centro, ao longo do rio, cruzar as pontes, visitar teatros, museus e catedrais. Até agora, para mim a cidade se resumia ao bairro da embaixada e ao percurso de ida e volta dali até a escola.

CARRINHOS

Vim para o meu quarto e passei o resto da tarde ouvindo Pink Floyd e lendo uma das revistas sobre eles que comprei em Copacabana. Eles eram diferentes de tudo que havia até 1966, quando a banda surgiu; depois, influenciaram quase o mundo inteiro. A revista diz que eles eram mais cerebrais, conceituais, levando para o rock uma crítica social apresentada sobre um fundo de ficção científica. Seus espetáculos foram os primeiros a trazer para os palcos de rock grandes efeitos de luz, painéis fotográficos, cenários complexos, encenações inteiras. Além disso, introduziram um rock instrumental, com faixas que tinham quase 10 minutos de música pura, sem um único verso, nem uma palavra sequer. Um disco de 1967, *The Piper at the Gates of Dawn*, é considerado o máximo da música psicodélica inglesa — mais até do que o *Sgt. Pepper's Lonely Hearts Club Band*, dos Beatles.

Syd Barrett, o cantor e guitarrista genial responsável pelos primeiros grandes sucessos do Pink Floyd, foi obrigado a deixar o grupo em 1968, depois que o LSD o transformou em uma pessoa imprevisível, instável, impossível de conviver, de trabalhar e criar em conjunto. Apesar de se transformar em um ermitão e ser uma das primeiras vítimas do ácido, Syd ainda lançou, em 1970, duas obras-primas, embora meio excêntricas: *The Madcap Laughs* e *Barrett*. Ele nunca deixou de influenciar a banda, cujo lamento por sua ausência se transformou em permanente, no que eles chamavam de "tema da ausência", celebrado em uma canção antológica de 1975, "Wish you were here". Outro guitarrista genial, David Gilmour, substituiu Syd ainda no final dos anos 1960, e o grupo manteve a mesma linha de trabalho.

Na década seguinte, os discos do Pink Floyd começaram a apresentar paisagens idealizadas que pareciam sonhos, se aproximavam do cinema e iam ficando cada vez mais narrativas. Até que, em 1982, lançaram *The Wall*, um filme inesquecível baseado num álbum de mesmo nome de 1979: cheio de sequências de desenho animado, conta a história de um roqueiro *superstar* chamado Pink, que sofre um colapso nervoso durante uma turnê. O filme, cujo processo de criação e gravação foi extremamente difícil, compara os concertos de rock às guerras, trata dos muros que as pessoas constroem com os tijolos feitos de suas dores, isolando-se, emparedando-se em suas defesas, transformando a infância, a educação, o casamento em experiências que, em vez de trazerem crescimento, passam a ser desumanizadoras. Depois de terminar o filme, a banda praticamente se desfez. Mas eles voltaram a trabalhar juntos, lançando grandes álbuns, como *A Momentary Lapse of Reason*, em 1987, e *Delicate Sound of Thunder*, em 1988.

Não vejo a hora de ter minha coleção aqui comigo; as caixas devem chegar esta semana. Mas também tenho medo de me sentir sozinho, sem ter com quem conversar sobre tanta música. Será que meu pai vai querer ouvir as coisas de que ele gostava, reler seus artigos e fichas com anotações? Agora ele não tem tempo para nada; as coisas não devem andar fáceis.

Deitei na minha cama pensando como meus amigos estavam longe, como, naquele momento, naquela noite, aquela cidade estranha e agora minha se agitava sem que eu soubesse ainda por quê. As sirenes não paravam de gritar lá longe, eu ouvia telefones tocarem, passos subirem e descerem escadas, portas se abrirem e se fecharem. Pensei em levantar e descer, em tentar saber com minha mãe o que estava acontecendo, e então desisti.

Eu me lembrei do Felipe, da música dos Rolling Stones que o fizera pensar que, de repente, porque amava, porque enfrentava seus medos, não era mais criança; ainda não sabia o que era, mas menino não era. Eu me lembrei da caixa com meus carrinhos, meu brinquedo predileto, e não sabia onde ela estava. Lembrei que me esquecera dela fazia tempo, sei lá quando. Tive vontade de tê-la aqui comigo naquele momento, espalhar todos eles na cama enorme, me despedir de cada um usando-os naquilo para que foram feitos: brincar. Era a minha infância que tinha ficado para trás, nem sei quando, nem vi.

Quando eu só pensava nos meus discos, quando me perdi em Copacabana para ficar só, quando adorei dividir com a galera a coleção, quando aprendemos juntos e quando não entendi a paixão da Alice pelo Felipe. Quando vi Janis Joplin do outro lado do salão, quando soube que ela partira algo dentro de mim e achei que isso fosse bom. Quando nos beijamos como se tivéssemos existido apenas para nos beijarmos e foi como se eu não coubesse no mundo. Quando Helena morreu, quando Maria chorou, quando eu só ouvia "Stairway to heaven", sem perceber eu estava deixando de ser menino, a única coisa que eu tinha sido desde sempre. Desde quando entendi que tantos sentem como eu, desde que entendi que sou único, sou o último a ser assim e sou só mais um.

Wish you were here
Pink Floyd

Tantas saudades que tenho sentido de tanta gente, de tantas coisas, de repente se concentraram em uma só — saudade de mim, de quando, até este momento tão recente que nem percebi, eu era criança. Não há tristeza alguma; chega de tristeza; só há essa saudade de mim. Daquele menino que viveu em mim. Outra vez, Pink Floyd: *"We're just two lost souls* [...] *running over the same old ground. What have we found? The same old fears"* (Somos apenas duas almas perdidas [...] percorrendo o mesmo chão. O que encontramos? Os mesmos medos).

Quando acordar, não serei uma barata, não serei comum, nem serei menino.

As sirenes me acordaram. Encontrei minha mãe sozinha na cozinha tomando chá. Ela está preocupada com meu pai. Esta é a primeira crise que ele enfrenta como embaixador; está preparado, mas ela não. Por que tantas coisas tinham de acontecer ao mesmo tempo? A nomeação repentina, sair correndo do Brasil, separar-se de mim, a confusão e a correria na embaixada desde que chegaram, a morte da Helena, voltar para o enterro e para me pegar, e agora toda esta agitação, as sirenes gritando dia e noite. Meu pai quase não dorme, a situação está ficando caótica e ninguém sabe direito o que vai acontecer. Nunca vi minha mãe assim, como nunca soube a razão de eles terem saído correndo do Brasil. Meu pai virou embaixador tão moço, tão cedo na carreira, porque é o maior especialista em Tchecoslováquia na diplomacia brasileira. Agora, tudo isso parecia antigo, como se a voz da minha mãe contasse as notícias pelo chiado de um rádio velho.

A ordem era não sair de casa, o que significava não ir à escola. Eu e ela conversamos muito sobre a Helena e a Maria, como foi ganhar a coleção, as reuniões para ouvir música, a criação da Confraria da Ponte. Ela ouviu tudo com interesse, um sorriso que parecia o mesmo que usava nas recepções de diplomatas — as mãos arrumadas uma sobre a outra, descansadas em cima da perna. Enquanto falava, fiquei observando minha mãe, os detalhes do rosto, das expressões, da forma de arrumar o cabelo. Ela é bonita, detalhadamente bonita, tudo nela é certo. Mas eu não consigo me lembrar de ter tocado seu rosto, passado os dedos por seus cabelos, de tê-la abraçado com força, de ter deitado a minha cabeça sobre o seu ombro, enlaçado a sua cintura. A cada item que eu desfilava na minha lista de coisas não acontecidas correspondia uma recordação da Helena.

De repente, tive medo por ela, de quando algo viesse desarrumar seus gestos, amarrotar suas roupas, desalinhar seus cabelos. O que será da minha mãe? Tentei animá-la com as músicas que eu estava descobrindo, e ela começou a me perguntar sobre música brasileira. Eu disse que gostava muito, que adorava a Legião Urbana, os Titãs, os Paralamas do Sucesso, Caetano, Gil, uma porção de coisas.

Ela então me falou da sua preferência por Pixinguinha, Chico Buarque, Paulinho da Viola, Cartola, Nélson Cavaquinho, Jacob do Bandolim, uma lista imensa de nomes que eu não conhecia e de outros que eu tinha aprendido a gostar com ela, desde pequeno. Prometeu-me que ainda ouviríamos juntos os seus discos e ela me contaria sobre eles. Ficamos conversando, distraídos, quando meu pai chegou apressado, seguido por Václav.

— Tenho meia hora antes de voltar ao trabalho. Vamos comer juntos?

— Estava conversando com o Leo sobre música brasileira.

— Que inveja! Prometem que vamos repetir quando essa confusão passar?

— Claro, não é, meu filho?

Eu mal podia esperar:

— Com certeza! Quero aprender mais sobre MPB, e a minha mãe sabe muito.

— Cecília sabe tudo sobre música brasileira.

Minha mãe sorriu com o comentário do meu pai, mas estava inquieta e perguntou:

— E essa confusão... passa logo?

— Ninguém sabe. Mas não posso conversar a respeito disso. Pelo menos não agora.

— Claro, claro.

— Pai, não estou entendendo nada do que acontece. Na televisão só se fala tcheco.

— Tenha um pouco de paciência, que logo vamos conversar, está bem?

— Claro, não se preocupe. Eu queria perguntar a você sobre os meus discos.

— "Você" não, porque não sou seu colega de baderna. Quando falar comigo, me chame de senhor. Sua avó acostumou você muito mal, Leopoldo Armando. Mas aqui a coisa é diferente. Comigo não! Seus discos vão chegar quando eu quiser que eles cheguem.

A resposta do meu pai pareceu um balde de água gelada. Fiquei calado e surpreso, mas minha mãe logo reagiu:

— Meu bem, você tem razões para estar nervoso, mas o Leo só queria saber dos discos dele.

— Os discos são meus, a coleção é minha, e ele deve ter meia dúzia de porcarias.

Passado o choque inicial, consegui responder também:

— A coleção é minha, Helena me deu.

— Ela deu, e eu tomei.

— Não fale assim com ele, Leopoldo.

— Falo como eu quiser e acho bom você não ficar mimando esse moleque, porque ele tem de aprender que a vida é muito mais do que ouvir música o dia inteiro.

— Agora chega.

Minha mãe não se exaltou, mas pude perceber que ela estava revoltada. Ela não ia deixar aquilo barato.

— Você vai abaixar esse tom de voz porque aqui não existe moleque algum e ninguém tem culpa de o seu trabalho estar pesado, o que foi escolha sua.

Meu pai estava roxo, as têmporas pulsando. Ainda assim, não soltou um pio. Minha mãe falava baixo, firme, olhando nos olhos dele, muito séria, cuidando para que Václav não a ouvisse.

— Hoje mesmo, com o governo tchecoslovaco caindo ou se erguendo, com sirenes ou tanques ou o diabo nas ruas, você vai mandar trazer a coleção do seu filho. Não quero ouvir falar nesse assunto nesta casa. Nem quero saber que céus e terras o senhor terá que mover, que países aliados terão de colaborar com a sua operação de guerra. Mas, se aqueles discos não estiverem aqui em prazo razoável, a meu critério, pego um avião e vou cuidar disso pessoalmente. Você é autoridade daquela porta para lá. Aqui, embaixador, mandam os interesses da sua família. Se não estiver satisfeito, vá se queixar ao chanceler.

Ela saiu serena pela porta, impassível, como se nada tivesse acontecido. Subiu a escadaria sem pressa, altiva. De repente, achei minha mãe linda, magnífica, brilhante, uma estrela de cinema escondida em um casarão antigo em Praga enquanto as sirenes gritavam pela cidade. Quando me virei, meu pai estava pasmo, e o mordomo, sem entender o que acontecera, segurando pacotes de pão de fôrma, queijo, presunto, diante da porta aberta da geladeira. Os dois trataram de disfarçar, o que foi ainda mais ridículo. Eu não sabia o que fazer, onde me enfiar. Queria rir, queria sapatear, queria aplaudir minha mãe, pedir bis. Queria apontar para o meu pai e perguntar, imitando a Maria e o meu avô:

— Aprendeu, batuta?

SAUDADES DE CASA

Passei o resto da tarde rindo da cena na cozinha. Minha mãe tinha me surpreendido de verdade. Quando desci para jantar, ela preparava um lanche. Era como se nada tivesse acontecido; resolvi ficar quieto. Sem que eu pedisse, ela fez o meu sanduíche preferido, com rosbife, queijo, alface, tomate e maionese. Lá fora, as sirenes não paravam.

— Será que eles não sabem enfrentar uma revolução em silêncio?

Eu caí na gargalhada e ela também. Era bárbaro estar ali me sentindo defendido por ela, ouvindo piadas sobre a nossa situação tão sem graça. Comemos nos lembrando de outras cidades em que meu pai servira, desconhecidas como esta, onde tínhamos que adiar o nosso cotidiano, e esperando que tudo acabasse bem, que aquelas sirenes, que pareciam não dar trégua, não significassem as tragédias que imaginávamos. Minha mãe brincava com pequenos pedaços de verduras e legumes em seu prato. Em certo momento, ela comentou:

— Acho que nunca vou me acostumar.

— Com o quê?

— Com essa vida de não ter uma casa só nossa, de estar cada dia em um lugar.

— Eu sempre achei que você gostasse.

— Eu sempre achei que você fosse crescer e entender que não é bem assim.

— Estou crescido?

— Está crescendo. Crescido você não está porque ainda tem muito para crescer.

— Já estou ficando maior do que você.

— É verdade. Hoje estou sentindo como se alguma coisa em mim fosse exatamente como quando eu era menina, uma memória infantil, não sei explicar. Tenho saudades de casa. Estou com complexo de Dorothy Gale, a menina de *O Mágico de Oz*. Saudades de casa, Leo.

— Eu vi o filme com você e adorei. Mas eu era pequeno e não me lembro dos detalhes.

— Dorothy quer voltar para casa; precisa seguir a estrada de tijolos amarelos, que a levará ao mago; precisa dos sapatos de rubi e de amigos que a ajudem em sua jornada. Cada vez mais gente vive assim, pelo mundo, cada dia num lugar. Mais cedo ou mais tarde, vão sentir saudades de casa. Tudo está mudando muito rápido, e isso arranca as raízes das pessoas.

— Mas não foi sempre assim?

— Não sei; acho que não como agora. A casa no Rio viu você, seu pai e seu avô nascerem. Agora as famílias mudam de casa, de rua, de bairro, de cidade. Crianças mudam de escola, adultos mudam de trabalho, tudo cada vez mais rápido. Devemos estar atentos às nossas recordações, tentar manter os símbolos que marcam a nossa vida, os que marcaram a vida das gerações anteriores. É disso que mais gosto em Praga, toda essa história conservada nas ruas. Precisamos encontrar os amigos, os Homens de Lata, os Espantalhos, os Leões, cuidar deles, conhecer suas fraquezas e pedir ajuda para as nossas. Vamos ter cada vez menos raízes, Leo — por isso precisaremos cada vez mais dos nossos laços.

— Tem aquela música que ela canta no início sonhando com um lugar diferente porque não aguentava mais a monotonia; nada acontecia naquele fim de mundo.

— As coisas acontecem é dentro da gente. A música é "Over the rainbow". Vamos ouvir a gravação da Aretha Franklin, a minha predileta.

Subimos correndo as escadas. Era uma gravação antiga e linda. Ela se levantou, me estendeu a mão e começamos a dançar. Enquanto eu balançava com ela, enquanto ríamos e ela rodopiava, eu começava a ver outra pessoa naquela mulher que tivera sempre apenas uma única e integral função: mãe. Que mundo era o dela? O que ela pensava e sentia? Com o que sonhava a minha mãe? Ela estava feliz e começou a cantar com Aretha Franklin: *"Somewhere over the rainbow, skies are blue, and the dreams that you dare to dream really do come true"* (Num lugar além do arco-íris, o céu é azul e os sonhos que você ousa sonhar viram mesmo realidade).

Over the rainbow
Judy Garland

Quando acabou, aplaudi. Ela agradeceu com o sorriso mais lindo que eu já vira em seu rosto. Puxou-me para si, apertou-me com muita força e beijou minha testa.

— Outra hora vamos dançar mais. Não sabia que você dançava tão bem.

— Minha avó me ensinou.

— Eu sei que ela ensinou muitas coisas a você.

Ela me abraçou outra vez, e eu quis que aquele momento não acabasse.

— Vá dormir, filho.

— Você também.

— Você cresceu, Leo.

— Você também.

LIBERDADE

Acordei com meu pai batendo na porta. Estava tudo bem. Ele só queria que eu descesse para conversarmos durante o café, enquanto Václav não chegava.

— Finalmente consegui um pedaço da manhã para estarmos juntos. Eu sei que tem sido difícil, que vocês não sabem o que está acontecendo. Mas eu vou me deitar de madrugada e fico com pena de acordá-los.

Minha mãe olhou para mim enquanto respondia:

— Nós entendemos, não é, Leo?

— Claro, pai.

— Quando terminar, prometo alguns dias de férias, só nós três — meu pai disse.

— Não se preocupe — minha mãe olhou para ele com carinho. — O que está acontecendo?

— A Tchecoslováquia está passando por uma revolução.

— Nós corremos perigo?

— Nenhum, Cecília. A população está toda nas ruas, pacífica, mas irredutível. O governo não tem sustentação alguma e os soviéticos não querem nem ouvir falar em intervenção.

— Por que as sirenes? Eu fico imaginando gente ferida, incêndios, violência.

— Nada disso está acontecendo, Leopoldo Armando. As sirenes são para passar essa impressão e tentar manter a população em casa; não têm adiantado nada.

— Isso já não aconteceu aqui? A Primavera de Praga não foi uma revolução?

Meu pai olhou para mim com uma mistura de surpresa e satisfação e perguntou:

— Quer dizer, então, que o meu filho se interessa por história?

— Eu não sei muito, só o que o Antônio e a Clarisse contaram quando vimos *Woodstock*.

— Vou tentar resumir. A Tchecoslováquia fazia parte do antigo Império Austro-Húngaro, que acabou depois da Primeira Guerra Mundial. Em 1918, Tomáš Garrigue Masaryk liderou a criação do país e foi escolhido como seu primeiro presidente. Ele era um homem inteligente, culto, que compreendia os povos que governava, porque era filho de mãe tcheca e pai eslovaco. Governou a Tchecoslováquia durante 20 anos de democracia e desenvolvimento. Até que a Inglaterra e a França, em 1938, no Acordo de Munique, entregaram a Tchecoslováquia à Alemanha para evitar que o chanceler nazista, Adolf Hitler, se voltasse contra eles.

— Mas que covardia!

— Uma das piores da história, Leo. No dia 1 de outubro daquele ano, os nazistas ocuparam os Sudetos, territórios no Norte da Tchecoslováquia, perto da Alemanha, e mandaram para cá Reinhard Heydrich, o segundo homem na hierarquia da SS, a "tropa de proteção" de líderes, da ideologia e do Estado nazista, a mais cruel das suas organizações. Os colegas o chamavam de "a Besta Loura" e seus inimigos, de "o Carniceiro de Praga".

— Eles não reagiram?

— Não tinham como. A máquina de guerra alemã era esmagadora, e os tchecos sabiam que não contavam com ninguém. Hitler enviou tropas para cá alegando que vinham para "proteger" o país, e as forças da SS vieram em seguida. Em 1 de setembro de 1939 começou a Segunda Guerra Mundial, com a invasão da Polônia pela Alemanha. Dois anos e pouco depois, Heydrich convocou a Conferência de Wannsee, em Berlim, da qual participou a alta hierarquia nazista, para coordenar a "Solução Final", ou seja, o extermínio de todos os judeus da Europa. E Praga sempre foi um centro de cultura judaica.

— Você precisa conhecer o bairro judeu da cidade, Leo. É lindo.

— Kafka era judeu, né, mãe?

— Isso mesmo — meu pai respondeu na lata. — Em setembro de 1941, Heydrich foi nomeado protetor do Reich no Protetorado da Boêmia e Morávia, territórios que integravam a Tchecoslováquia, e instalou seu quartel-general aqui em Praga. Uma de suas primeiras providências foi criar um gueto judaico. Enquanto isso, os agentes da polícia secreta alemã, a Gestapo, promoviam uma perseguição brutal aos tchecoslovacos que tentavam resistir, com mais de cinco mil prisões e mortes em pouco tempo. No ano seguinte, Heydrich foi assassinado por um grupo da resistência tchecoslovaca. Em retaliação, a Gestapo e a SS promoveram em Praga a caça e a execução dos que teriam participado do atentado, de outros membros da resistência e de qualquer suspeito de colaboração. Três mil judeus do campo de Theresienstadt foram deportados e mortos. E o pior ainda estava por vir.

— Não é possível.

— Sempre é possível, Leopoldo Armando. Para o pior, meu filho, não há limite. A 20 quilômetros de Praga, a pequena cidade de Lídice foi escolhida para a vingança. Ela foi cercada em 10 de junho, e todos os 173 homens maiores de 16 anos foram fuzilados. Mulheres e crianças foram levadas para uma escola na cidade vizinha de Kladno e poucas sobreviveram. Lídice foi incendiada e as ruínas destruídas com explosivos. Até o rio foi desviado, para que nem a paisagem resistisse. Mas Lídice não foi esquecida. Vários países deram seu nome a cidades, avenidas, praças, inclusive o Brasil, que rebatizou a cidade de Santo Antônio do Capivari, no estado do Rio de Janeiro, de Lídice.

— Ainda bem que os nazistas foram derrotados!

— É verdade, Cecília. Mas isso não resultou em liberdade. No fim da Segunda Guerra, o Exército Vermelho, dos soviéticos, expulsou os alemães da Tchecoslováquia. Em 1948 houve um golpe de Estado e, pouco tempo depois, tchecos e eslovacos já sabiam o que significava o comunismo de Josef Stalin. A década de 1950 foi marcada pelo seu regime, uma era de expurgos, tortura, censura, poder policial sem limite. Para os tchecoslovacos, só no início dos anos 1960 as coisas abrandaram. Os artistas puderam mostrar suas criações em literatura, teatro, música, cinema. Essa pequena abertura animou os líderes a tentar ampliar a democracia. Em 1967, durante o seu congresso anual, os principais escritores da Tchecoslováquia fizeram uma crítica arrasadora do que se chamava a "construção do socialismo". O desejo deles era que seu país retornasse ao mundo ao qual pertencia, com o qual seu passado se identificava: a Tchecoslováquia deveria voltar a ficar ao lado das democracias da Europa.

— E eles conseguiram? — minha mãe perguntou.

— O esforço de intelectuais, advogados, artistas e até uma parte grande do Partido Comunista. Grupos se reuniam para discutir caminhos para a democracia. Lentamente, mas com energia, ampliaram a informação, a produção e a troca de ideias no jornalismo e nas artes. A juventude liderava o processo e reclamava uma revolução do comportamento.

Eles não queriam mais as canções do Partido Comunista que usavam uns ritmos lentos, metidos a heroicos, uns arranjos pretensiosos para contar como era bom trabalhar numa fábrica, numa mina de carvão ou numa fazenda coletiva. Os jovens queriam rock, moda, dança, liberdade para pensar e criar novas expressões. Em outubro de 1967, uma manifestação da juventude foi tão brutalmente reprimida que provocou pesadas críticas ao redor do mundo e até no bloco soviético. Leonid Brejnev, o líder soviético linha-dura que lutou no Exército Vermelho contra o jugo alemão na Tchecoslováquia, julgava conhecer bem esse povo. Ele veio a Praga no início de dezembro para o Congresso do Partido Comunista e sintetizou a posição soviética: "O problema é de vocês". Em 5 de janeiro de 1968, o eslovaco Alexander Dubček foi nomeado secretário do Partido Comunista da Tchecoslováquia para dar início ao que o mundo inteiro conheceria como a Primavera de Praga, "um socialismo com uma face humana". Dubček acabou com a censura e com a repressão política. As pessoas podiam dizer o que pensavam, viajar quando e para onde quisessem, ler e escrever o que escolhessem. Uma liberdade que não existia havia 30 anos, desde a invasão nazista. Para uma geração inteira, ela era inédita. O povo adorava Dubček.

— Então tudo correu bem, né, pai?

— Ele tinha só 47 anos, os soviéticos o achavam fácil de manobrar, mas vinha se mostrando um reformista de primeira. Em março foi empossado presidente da República o general Ludvík Svoboda, um herói das duas guerras mundiais, considerado confiável tanto pela União Soviética quanto pelos tchecoslovacos. Durante as perseguições dos anos 1950, Svoboda chegou a ser preso e humilhado, e agora era aclamado por multidões. Seu nome, que não é raro aqui, significa "liberdade" em tcheco. Enquanto o povo comemorava, Dubček tentava acalmar o pânico que tomara conta dos países do Pacto de Varsóvia, a aliança militar que reunia a União Soviética e seus países satélites. Apenas dois desses países, que também queriam se distanciar de Moscou, apoiavam Dubček: a Iugoslávia e a Romênia.

— Quando fizemos a reunião sobre Woodstock no Rio, vimos quanta coisa aconteceu no mundo em 1968, o mesmo ano em que tudo isso aconteceu por aqui.

— E não é coincidência, Leopoldo Armando. Todos queriam mais liberdade. Só que os reformistas queriam algumas melhorias, porém sem permitir que movimentos populares ganhassem fôlego. A maior pressão era dos países vizinhos, que não queriam em seu território toda a ebulição da Tchecoslováquia. Mas havia outras complicações.

— Mais, pai?

— Pois é, mais.

FAMÍLIA

Enquanto meu pai contava todas aquelas coisas, minha mãe preparou um chocolate quente para nós. Meu pai sorriu para ela e me estendeu sua xícara, propondo um brinde silencioso. Uma saudação a estarmos juntos, felizes, tomando chocolate. Finalmente ele conseguira uma pausa e a usava para contar a história, alinhavar fatos, nomes, datas. Costurava suas ideias e argumentos com entusiasmo, com um brilho no olhar que eu não me lembro de ter visto antes. Ele falava da sua paixão, do que o motivava a enfrentar tantas dificuldades e riscos, que o fazia arrastar sua família para tão longe, porque acreditava que ali a história estava acontecendo, o mundo estava mudando, e ele queria participar. Olhei para o meu pai com orgulho: ele tinha uma paixão e fazia tudo para vivê-la.

Minha mãe tinha seu marido e seu filho juntos de si, e era do que ela precisava. Já tinha conseguido mostrar a todos que defenderia a sua família com todas as suas forças. Era assim, naquela mesa, com o perfumado vapor do chocolate, que ela começava a construir a casa dos seus sonhos.

Ouvindo as sirenes ao longe, vendo que a neve lá fora voltava a cair, envolvendo a xícara de chocolate para me aquecer, olhando meu pai e minha mãe, voltei a me sentir estranho. Não me lembrava de quando foi que me senti assim antes, nem onde, nem como.

REVOLUÇÃO

— Eu nem me atrevo a perguntar, pai... mas estou doido para saber!

— As complicações eram militares. As linhas de defesa soviéticas tinham de ser muito fortes em toda a Europa Central, e o território tchecoslovaco não podia ser o seu elo fraco. Em fevereiro de 1968, um mês depois de Dubček assumir o poder, as tropas soviéticas estacionadas na Alemanha Oriental receberam a ordem para se mover até as proximidades da Tchecoslováquia. Os líderes tchecoslovacos não ignoravam a possibilidade de uma invasão militar. Os avanços democráticos continuavam. Comitês de trabalhadores se formavam nas fábricas; organizações juvenis proibidas emergiam outra vez. Sem a censura, a imprensa publicou reportagens sobre as atrocidades cometidas pelo Partido Comunista nos anos 1950. Muitos dos culpados por aqueles crimes se suicidaram ao terem sua identidade revelada. No final de junho de 68 foi publicado nos jornais o manifesto "Duas Mil Palavras para Trabalhadores, Agricultores, Cientistas, Artistas e Todos Mais", do escritor Ludvík Vaculík, assinado pelas figuras centrais do país, exigindo que as reformas continuassem. Reunidos em Varsóvia, os líderes comunistas se comprometeram com o direito de intervir em assuntos internos de outro partido socialista sempre que necessário. Numa reunião em Bratislava, principal cidade da Eslováquia, Vasil' Bil'ak, secretário do Comitê Central do Partido Comunista da Tchecoslováquia, entregou a Brejnev uma carta assinada pelos representantes da linha-dura pedindo aos aliados do Pacto de Varsóvia ajuda militar para enfrentar os opositores.

Nesse momento Václav entrou na cozinha e meu pai se interrompeu. Sorriu para nós com cumplicidade e cumprimentou o mordomo.

— Bom-dia, Václav.

— Bom-dia, senhor embaixador, senhora embaixatriz, Leo.

Todos retribuímos encabulados, como se tivéssemos sido flagrados em algo proibido. Mas ele não deu sinal de ter percebido nada, até ver as xícaras sobre a mesa.

— Por favor, me perdoem pelo atraso! Os senhores já estão tomando o café da manhã!

— Não se preocupe, Václav. Só estou um pouco cansado. Resolvi ficar em casa e aproveitar para estarmos juntos. Por favor, avise na embaixada que estou aqui e que me chamem se for necessário.

— O senhor precisa de alguma coisa? Querem comer algo mais?

Agradecemos já nos dirigindo para a escada. No caminho apanhei um pacote de biscoitos na despensa. Nossa naturalidade displicente era completamente fingida.

TRAVESSEIROS

Minha mãe recostou-se na cabeceira da cama, pôs um travesseiro sobre as pernas e bateu nele, me convidando para deitar. Meu pai sentou-se ao lado dela, apoiado sobre as pernas cruzadas, rindo e esfregando as mãos.

— Será que eu posso ser acusado de alta traição por estar aqui com vocês?

— Talvez, mas acho que tem perdão. Não é, Leo?

— Acho que tem, mãe.

— Vamos continuar a nossa história antes que inventem de chamar você.

— Bem, muitos já conheciam aquele barulho. Um ruído rouco que parece nascer de dentro da terra, porque ela treme, levemente no início, e depois mais. Os móveis balançam, e ao som grave começam a se somar os copos chacoalhando nas prateleiras; os objetos caminham sobre as mesas, as janelas altas vibram como se estivessem sendo sacudidas por algum vento forte, até que chegam, cada vez mais próximos, uns assobios horríveis, que parecem querer romper as cabeças, uns rangidos de metal retorcido, esfregado, um som que nunca mais se esquece, que fica para sempre como uma experiência de horror. Enquanto os ruídos aumentam e tudo agora treme, luzes potentes, de holofotes, invadem as casas, os quartos onde dormem as pessoas, as ruas vazias àquela hora da noite. A cidade demorou a compreender o que acontecia: Praga estava sendo invadida. Os tanques chegavam, muitos, incontáveis, imensos monstros de metal exibindo seus longos canhões, suas largas frontes, suas esteiras dentadas que devoravam distâncias e obstáculos, os rolos de fumaça preta, o cheiro de óleo queimado, tudo o que neles foi feito para ser a mais brutal das forças, inescapável, irresistível. Os tanques começaram a cruzar as fronteiras pontualmente às 11 horas, e já havia dentro do território da Tchecoslováquia tropas dos cinco países membros do Pacto de Varsóvia, um total de 200 mil homens fortemente armados; logo seriam 800 mil. Às 2 da madrugada, os aviões militares começaram a descer no Aeroporto de Praga a intervalos de um minuto. O Serviço Secreto tchecoslovaco não conseguiu silenciar as rádios, e as transmissões continuaram até 4 e meia da madrugada, divulgando boletins até para o exterior. O Partido Comunista reuniu-se e fez uma declaração pública de que a intervenção estava acontecendo sem o seu consentimento, contra os princípios socialistas e as leis internacionais, e pedindo que o povo mantivesse a calma e não enfrentasse os invasores.

— E eles enfrentaram, não foi, querido? Eu me lembro de algumas cenas na televisão.

— Enfrentaram heroicamente, Cecília. Ainda de madrugada, uma resistência improvisada e corajosa começou a retirar placas com os nomes das cidades e a substituí-las por outras com o nome de Dubčekovo, ou seja, "pertence a Dubček", em apoio ao líder e para desorientar os tanques a caminho de Praga. Na capital, as placas com nomes de ruas foram retiradas ou trocadas com o mesmo propósito. Dubček e os membros do seu governo desapareceram e três dias depois ressurgiram em Moscou, "protegidos" pela KGB e pela StB, a polícia secreta tchecoslovaca. O Conselho de Segurança da ONU se reuniu, mas pouca coisa fez além de registrar a condenação por vários países. Os americanos nem pensaram em intervenção. Contudo, há notícias de que o governo tchecoslovaco, dias antes da invasão, pediu aos americanos que mantivessem afastadas as tropas da Otan. O governo não queria guerra de maneira nenhuma. Mas a resistência foi surpreendente. A população tomou as ruas, subindo nos tanques para impedi-los de avançar e tentar convencer oficiais e soldados de que não estavam ali para salvá-los, e sim para dominá-los e oprimi-los, para acabar com o sonho do socialismo democrático, que poderia libertar a todos. Quando os soldados tentavam retirar as pessoas, elas argumentavam, discutiam, tentavam fazer da palavra a arma para enfrentar a brutalidade da invasão. Enquanto isso, as ruas se enchiam de cartazes que anunciavam "1938=1968". O Exército Vermelho, que estivera naquela cidade para livrá-la dos nazistas, agora era comparado com eles. Viam-se soldados se desculpando, chorando, até porque nem sequer sabiam onde estavam. Depois de uma semana, 111 soldados e oficiais das forças de ocupação tinham se suicidado. Veio então o comando para esmagar qualquer resistência. Era comum oficiais darem ordens com pistolas apontadas para os subordinados. E os tanques avançaram sobre multidões, e metralhadoras atiraram contra civis desarmados.

— Mas então foi um massacre!

— Nunca se soube o número de mortos, Leopoldo Armando. A multidão foi obrigada a fugir e começaram as prisões em massa. A resistência então passou das palavras aos símbolos. Dezenas de bandeiras, manchadas com o sangue das vítimas civis, atravessavam a cidade em corridas vertiginosas até que os seus portadores fossem presos ou derrubados a tiros. Ao mesmo tempo, músicos solitários se posicionavam em lugares estratégicos e tocavam o hino nacional ou trechos da obra que melhor representa essa gente: *Má Vlast* (que significa "Minha Pátria"), de Bedřich Smetana, um dos maiores compositores deste país de grandes músicos. O presidente Svoboda garantiu ao país que a ocupação seria resolvida pelo diálogo e voou para Moscou ao encontro de Dubček. Na volta, avisou ao país que assinara o Protocolo de Moscou, que dizia que a ocupação não tinha prazo para terminar. Dubček voltou para Praga obrigado a dizer ao povo que as conquistas estavam perdidas. Ele foi deposto do poder em abril de 1969, expulso do Partido Comunista e mandado a um exílio interno, vivendo no interior da Eslováquia como guarda-florestal. Seu substituto, Gustáv Husák, está no poder até hoje, mais de 20 anos depois.

— E a resistência continuou como fizeram contra os nazistas alemães?

— Mais ou menos, filho. As condições mudaram, e a repressão agora era interna. Desde o início ela foi dura, mas sempre havia alguma resistência, principalmente entre os jovens da Universidade de Praga, a universidade mais antiga da Europa Central. A história mais terrível daquele período é a de Jan Palach, um rapaz que aos 20 anos cursava História e Economia Política e já viajara pela União Soviética, trabalhara um verão em Paris e participara do movimento de 1968. Palach tinha ido passar o Natal e o ano-novo com a mãe no interior, em Všetaty. No dia 16 de janeiro, escreveu uma carta e enviou cópias para a União dos Escritores, para a liderança do movimento estudantil e para o seu melhor amigo. Às 3 da tarde ele se dirigiu para a rampa do Museu Nacional, no alto da Praça Václav, onde ocorreu a maioria dos protestos. Jan derramou gasolina sobre o próprio corpo e riscou um fósforo. Transformado em tocha humana, atravessou a esquina correndo e caiu na calçada. Alguém jogou sobre ele um casaco para apagar as chamas. Ainda estava consciente. Morreu três dias depois. Durante esse tempo, uma multidão quieta ficou em vigília e, no dia 20, caminhou silenciosamente até a universidade, onde todos os relógios foram parados na hora da morte de Palach: 15h15. As pessoas carregavam bandeiras da Tchecoslováquia, bandeiras negras e uma faixa que dizia "Continuaremos acreditando". E então começou uma onda trágica de suicídios de jovens universitários e líderes operários, numa espécie de repúdio à invasão.

Meu pai fez silêncio, e seus olhos olhavam para baixo, pesados. Minha mãe passava os dedos pelos meus cabelos, e percebi que ela chorava. Meu olhar se perdeu pela janela alta, o céu azul lá fora. Fiquei ouvindo as sirenes cruzando a cidade. Agora elas significavam alguma coisa nova e poderosa, a presença renovada da força bruta, as estratégias do medo. Comecei a sentir raiva, nojo. Aquele ruído não era mais apenas de sirenes uivando, mas de alguém que tentava dominar as pessoas. Olhei para o céu claro e azul com um sentimento novo, uma inesperada ligação com aquele país que eu conhecia de dentro do meu quarto, pelas janelas da embaixada. Eu queria sair, ver gente, visitar a praça que tem o nome do mordomo, Václav, lembrar o que meu pai contou vendo os lugares onde tudo aconteceu, tanques alemães, soviéticos, Heydrich, os músicos solitários resistindo, as bandeiras ensanguentadas nas correrias desafiadoras. Alguma coisa acontecera entre mim e Praga. Eu ainda não podia compreender, mas já podia sentir.

CURIOSIDADE

Era como se precisássemos do silêncio e ele tivesse resolvido ficar ali conosco. Meu pai estava com um olhar perdido em si mesmo, refletindo sobre as coisas que nos contara com tanto entusiasmo, talvez por estarmos ali, vivendo a história de Praga.

Minha mãe, serena, continuava a me acarinhar. Foi quando bateram na porta. Meu pai se levantou rapidamente, reclamou das pernas e foi pulando até a porta, fazendo minha mãe e eu rirmos desse senhor embaixador que eu não me lembrava de ver tão entusiasmado, descontraído e próximo. Václav avisou que a secretária tinha um recado importante do Brasil. Ele respondeu qualquer coisa e voltou para dentro do quarto seguido por Václav.

— Perdoem-me. Preciso ir ao gabinete e voltarei logo porque as coisas estão calmas. Minha sugestão é que Václav traga algo aqui no quarto para almoçarmos juntos e continuarmos a conversar. O que acham?

Concordamos animados e ele saiu. Conversamos com Václav sobre o almoço e ele foi providenciar. Minha mãe e eu continuamos em silêncio, e eu fiquei pensando se, como eu, ela queria que aquele momento não acabasse nunca mais.

— Acho que com essa confusão a coleção não vai chegar tão cedo, não é?

— Pode demorar sim, meu filho. Acho que precisamos ter paciência. Com certeza seu pai já fez tudo que podia.

— Claro, eu sei. Sinto falta dos meus discos, você entende?

— Perfeitamente! Não aguento mais ouvir as mesmas fitas e CDs de sempre.

— Nós podíamos trocar!

— Ótima ideia!

Saí correndo para pegar as minhas músicas, mas, quando abri a porta, Václav tentava equilibrar duas enormes bandejas em um só braço para abrir a porta com a outra mão. Ajudei-o, e ele agradeceu encabulado. Trazia o recado de que meu pai já estava subindo para almoçar conosco. Fiquei olhando ele arrumar as coisas e imaginei quem seria aquele homem, como tinha vivido a tumultuada história de seu país, como teria se tornado funcionário da embaixada do Brasil, um país tão distante e diferente do seu. Quem seria esse homem sem família que vive tão perto de mim e dele não sei nada?

MALOTE

Meu pai entrou ofegante e sorriu ao ver a mesa posta para o nosso pequeno almoço.

— Quando será que eu me acostumarei com essas escadas?

— Quando tomar juízo e fizer mais exercícios — minha mãe respondeu. — Boas notícias?

— Ainda hoje os malotes diplomáticos atrasados serão entregues.

— Nós vamos receber nossa correspondência, pai?

— Vamos sim, Leopoldo Armando. E, a partir de agora, deve voltar ao normal. A embaixada alemã está coordenando com o governo local um serviço terrestre para todos os malotes diplomáticos entrarem pela fronteira. Estou com fome.

— Vamos comer.

— Continua a contar, pai.

— Posso comer antes?

Percebi pelo seu olhar que meu pai estava ganhando tempo para que Václav saísse do quarto. Eu estava começando a aprender suas linguagens cifradas, seus cuidados com o que dizer, quando, diante de quem. Ele comia com apetite, olhando sua comida com interesse, mas sem perder os gestos educados. Minha mãe, vaidosa, come pensando no espelho, na silhueta. Corta pedaços pequenos, arruma no prato, empurra um pouquinho para lá e para cá antes de levar lentamente à boca e mastigar devagar, muitas vezes. Quando Václav saiu, meu pai começou a falar, conferindo, com um olhar rápido, se a porta estava fechada.

— Já podemos conversar sobre o que está acontecendo; agora sim, é uma revolução.

— Mas você disse que não está acontecendo nenhuma violência, querido.

— Exatamente! Essa é a lição que os acontecimentos em Praga estão ensinando: revolução sem violência e sangue, pela presença da população nas ruas. E as forças de repressão sem poder mandar abrir fogo, como se fazia antes. Esta está sendo chamada de Revolução de Veludo, embora muitos tchecoslovacos não concordem e a estejam chamando de Revolução de Novembro. Mas ela começou muito antes disso. De certa maneira, começou em 1968.

— Mas a repressão não foi sempre pesada?

— Foi, filho, mas reprimir é adiar o problema sem resolvê-lo. O regime soviético não conseguiu disfarçar a estagnação econômica, política e social. Em 1985, foi eleito Mikhail Gorbatchov, um líder dinâmico, hábil negociador, que quer dinamizar a União Soviética.

— Agora então o reformador é interno?

— Pois é, Cecília, parece que eles estão enfrentando os desafios, apesar dos riscos. Embora seja um comunista convicto, Gorbatchov quer abrir a União Soviética. Ele propõe duas linhas de ação, mas com prudência. A primeira é a *glasnost*, uma palavra russa que significa transparência, ou seja, mais democracia. A outra é a *perestroika*, uma reestruturação econômica e tecnológica para que o país seja capaz de produzir fogões e geladeiras, comida e sapatos, e não só disputar com os Estados Unidos o poder de destruir o planeta. A população está exausta das filas e da corrida armamentista insana.

— E ele está conseguindo, pai?

— Ainda é cedo para dizer. O muro de Berlim, que dividiu a cidade, a Alemanha e o mundo desde 1961, ruiu na noite de 9 de novembro deste ano. O que vimos foi o povo nas ruas, derrubando o muro a golpes de martelos e picaretas, a fuga maciça de alemães orientais que querem mais e melhor comida a preço mais baixo, liberdade de expressão, oportunidades, democracia. Mas Gorbatchov esteve aqui há dois anos e não conseguiu que a *glasnost* e a *perestroika* animassem a linha dura do Partido Comunista tchecoslovaco. Quando um jornal ocidental lhe perguntou qual a diferença entre suas reformas e a Primavera de Praga, Gorbatchov respondeu: "Dezenove anos".

— Então aqui estão resistindo às reformas de Gorbatchov?

— O quanto podem, apesar de enfraquecidos. Os protestos cresceram desde o ano passado. Em janeiro deste 1989, organizaram uma semana de manifestações para lembrar os 20 anos da morte de Jan Palach. Dissidentes depositaram flores onde ele tombou, mas a polícia prendeu os líderes, inclusive o dramaturgo Václav Havel, que foi julgado e condenado a oito meses de prisão. As pressões internas e internacionais foram tantas que, depois de quatro meses, ele foi solto. Quando chegou em casa, foi recebido por uma manifestação de apoio liderada por Dubček. Oito dias depois da queda do muro de Berlim, em 17 de novembro, uma manifestação estudantil reuniu 50 mil pessoas. Correu a notícia de que um estudante havia sido morto. Depois ficou claro que a informação era inventada, e a hipótese mais corrente é de que a própria KGB espalhara o boato para conter as manifestações. Se foi ela, não conseguiu: em poucos dias o número de manifestantes alcançou centenas de milhares. A partir de então, os teatros foram ocupados por performances e mais protestos. Na galeria de arte Manes, centenas de estudantes de arte pintaram cartazes e faixas para serem espalhados pelo país afora. A oposição reuniu artistas, pensadores, juristas e professores, que criaram o Fórum Cívico. A polícia secreta e as tropas de choque esperaram as ordens para a repressão, mas elas não vieram. Moscou agora apoiava as reformas que antes reprimira com tanques e o desperdício de sabe-se lá quantas vidas.

— Vocês já estavam aqui? Assistiram a tudo isso?

— Estávamos sim. Acompanho tudo, passo a passo, para poder informar ao nosso governo, como é dever de um embaixador. O primeiro-ministro Ladislav Adamec renunciou. As manifestações cresciam a cada dia e começaram a ser transmitidas ao vivo pela televisão. Em 23 de novembro, Václav Havel discursou para uma multidão de 300 mil pessoas, afirmando um compromisso que era de todos: viver em uma Tchecoslováquia livre, cooperativa e próspera, integrada à Europa. Na mesma noite, em Bratislava, Dubček se dirigiu a uma multidão paciente de manifestantes, quase 20 anos depois de ter sido banido. As manifestações continuaram enquanto Václav Havel e outros líderes se reuniram já para planejar os termos da desintegração do poder comunista. Em 3 de dezembro, a União Soviética e o Pacto de Varsóvia declararam oficialmente a sua condenação à invasão da Tchecoslováquia em 1968, e esse era o sinal de que não interviriam. Numa entrevista coletiva de imprensa, Havel exigiu que o presidente fosse substituído por uma pessoa "honorável, inteligente e boa" que não fosse comunista. Dois dias depois, o presidente Gustáv Husák renunciou. No Dia Internacional dos Direitos Humanos, 10 de dezembro, o Fórum Cívico organizou outra manifestação: Havel fez um dos seus mais impressionantes discursos, e eu estava lá para presenciar a história, a vitória da inteligência sobre a tirania, mesmo tantos anos depois. Eu o ouvi dizer: "Não permitiremos a ninguém desonrar a bela face da nossa pacífica revolução. Verdade e amor devem triunfar sobre as mentiras e o ódio". A multidão respondeu aos brados: "Vida longa para Havel!" Naquela mesma noite ele se tornou candidato à presidência da República sem nunca ter declarado nenhuma intenção de concorrer ao cargo. E essa é a situação hoje.

— E agora? — minha mãe perguntou. — O que vai acontecer?

— Ninguém sabe. Essa é uma experiência inédita. Dia 28, ontem, a Assembleia Federal elegeu Alexander Dubček porta-voz do Parlamento. Estamos aguardando os fatos dos próximos momentos. Por isso é que estou tendo esse dia tranquilo, com tempo para conversarmos. Mas eu acho que ainda esta noite a situação se define.

— E o que acontecerá?

— Dubček terá um cargo importante, mas eu apostaria que Václav Havel será presidente. É um homem notável, um líder corajoso e um grande escritor. Vem de uma família de intelectuais e empresários que caíram em desgraça quando os comunistas assumiram o poder. Havel aprendeu o ofício de técnico em química e cursou o ensino secundário à noite. No início dos anos 1960, estudou Artes Cênicas e foi assistente de direção teatral. Passou quase cinco anos na cadeia como preso político. Tem tudo para ser um grande líder nacional por muitos anos, e acho que será.

Alguém bateu, meu pai saltou da cadeira, e a porta se abriu lentamente. Václav tinha um ar solene e os olhos visivelmente marejados.

— Senhor embaixador, o senhor está sendo chamado com urgência.

Virando-se para nós, meu pai disse:

— Logo enviarei notícias. Fiquem tranquilos.

Dois diplomatas que trabalham com ele entraram, pedindo desculpas.

— A televisão está transmitindo ao vivo, embaixador. Acho que o senhor deve acompanhar.

Václav já estava ao lado do aparelho, e o ligou imediatamente, adivinhando a ordem que receberia. A televisão mostrava uma multidão que era impossível ver onde terminava; em primeiro plano, uma sacada vazia com vários microfones.

— O que está acontecendo, Leopoldo?

— Haverá um pronunciamento a qualquer momento, Cecília. Havel falará ao povo. Ainda não se sabe exatamente o quê. Por favor, liguem imediatamente para o chanceler.

Um dos diplomatas saiu correndo pela porta, onde, a essa altura, quase todos os funcionários da embaixada se aglomeravam. Meu pai fez um sinal para que entrassem enquanto apanhava uma gravata no cabide alto no canto do quarto, passando-a pelo pescoço, ajeitando a gola da camisa e dando o nó rapidamente. Minha memória fez um retrocesso instantâneo ao meu aniversário de 10 anos, em que ele me deu uma gravata de presente. Minha cabeça tentou se concentrar na proximidade do dia em que estávamos, na admiração que eu sentia pelo meu pai naquele momento. A televisão mostrou uma grande porta dupla para a sacada. Vários homens saíram para ela, deixando um espaço vazio no centro, na frente dos microfones. Finalmente, dois homens chegaram juntos e foram longamente aplaudidos pela multidão.

— Este é Alexander Dubček. E este é Václav Havel. Dubček vai falar — meu pai explicou e então traduziu o discurso. — "Pelo acordo firmado por ambas as casas do Parlamento..."

Fez uma longa pausa enquanto víamos a multidão delirar de alegria e os dois homens erguerem as mãos dadas.

— "Declaro que o senhor Václav Havel foi eleito presidente da República Socialista da Tchecoslováquia."

Alguém entrou com o telefone na mão para o meu pai.

— Senhor embaixador, o chanceler vai atender.

— Obrigado... Senhor chanceler, aqui é o embaixador brasileiro em Praga, Leopoldo Henrique Toledo de Albuquerque Paranhos, Bisneto. Estou telefonando para comunicar oficialmente que acaba de ser anunciada a eleição do novo presidente da República Socialista da Tchecoslováquia, o senhor Václav Havel.

Um diplomata entregou a ele uma folha de papel. Minha mãe tinha um lencinho amassado entre os dedos e o usava para disfarçar o choro. Quase todos enfrentavam a mesma dificuldade. Meu pai estava concentrado, atento, dominando a situação.

— O senhor Alexander Dubček é o novo chefe da Assembleia Federal. Estou sendo chamado para comparecer imediatamente à sede do governo, no Castelo de Praga, para uma cerimônia simbólica de posse. Ela acontecerá na Catedral de São Vito, onde será rezada uma missa pelo cardeal František Tomášek, quando a Orquestra Filarmônica Tcheca executará o *Te Deum* de Dvořák. Pois é, senhor chanceler, os tchecoslovacos são assim. E agora terão uma democracia. Voltarei a informá-lo. Obrigado.

Meu pai voltou-se para a sua equipe.

— Vocês ouviram o que eu disse ao chanceler. Estou indo agora, não posso demorar mais. Montem um plantão funcionando imediatamente para informar aos brasileiros que estão na Tchecoslováquia e dar qualquer apoio necessário. Estarei de volta logo que possível. Senhor Václav, parabéns. Foi uma longa travessia, mas a democracia venceu. O senhor está feliz?

— Senhor embaixador, eu estou muito feliz. Esperei este dia por mais de 40 anos.

Meu pai não disse nada. Aproximou-se de Václav e apertou sua mão. Beijou minha mãe, bateu no meu ombro e saiu sem dizer nada. Estava feliz. E nós estávamos orgulhosos dele.

JANELAS

Minha mãe estava cansada e queria escrever algumas cartas para o Brasil, já que o malote voltaria a funcionar. Fiquei vendo televisão na sala de estar. Por toda parte havia festa, multidões cantando e dançando pelas ruas, gente chorando, rindo, um homem gritando para o céu. Nas igrejas, os fiéis rezavam, agradeciam, acendiam milhares de velas. Bares e restaurantes, lotados. Vim para o meu quarto e fiquei olhando a neve cair lá fora. As sirenes se calaram, mas agora predominava o barulho de buzinas, apitos e fogos de artifício. Hoje foi um dia longo e maravilhoso, um dia para entender tantas coisas. Estou orgulhoso do meu pai, que agora se encontra lá na catedral assistindo às comemorações.

Comecei a pensar no que o malote me traria, quantas cartas, de quem, contando quais novidades. Minha Janis Joplin teria escrito para mim? Será que ainda se lembra de mim? Será que seu coração já se encantou por outros fãs? Quantas paixões já despertou? Não é fácil gostar tanto da Janis Joplin... E Felipe? E Alice? Antônio? A Confraria ainda se reúne? Que músicas estão ouvindo? E Maria? Quem está cuidando dela? E o meu quarto? E as minhas caixas, por onde andam? Será que as notícias daqui chegam por lá?

De repente os fogos de artifício se intensificaram, e fui até a janela para tentar ver de onde eles partiam. Pude ver ao longe os riscos coloridos que cruzavam o céu escuro, misturados com uma neve fina e gelada. Lá embaixo o jardim se cobria de neve muito branca, e eu vi apenas uma luz acesa, no quarto onde mora Václav. Como o meu quarto é bem mais alto, vi que, apesar do frio, a janela dele estava aberta, e ao lado dela havia uma mesa com um aparelho de som antigo e um braço branco pousado sobre um disco. Ele ouvia música. Abri ligeiramente a janela e uma rajada de vento gelado invadiu meu quarto. Mas eu queria muito saber o que Václav escutava. Arranquei o grosso edredom da minha cama e me enrolei nele. Abri um pouco mais a janela e comecei a ouvir uma música diferente de tudo o que eu já tinha ouvido. Muitos instrumentos eu não conseguia identificar. Não era triste, não era alegre, não era uma coisa apenas. De repente, a música foi interrompida. Olhei pela janela e vi que Václav estava tirando o disco e pondo outro. Ele passou as mãos abertas pela cabeça incontáveis vezes, fazendo os dedos entrarem por entre os cabelos, até que algo lhe chamou a atenção. Achei que ele pudesse ter-me visto e rapidamente recuei. Mas ele olhava para baixo. Ouvi vozes, voltei a olhar, com muito cuidado, e vi meu pai à porta que levava ao quarto de Václav, segurando algumas coisas na mão e todo encasacado.

Dentro do quarto a música começou a tocar, e Václav não sabia se descia para atender meu pai ou se voltava para tirar o disco. Ouvi meu pai dizer algo que me pareceu ser "que beleza", o que fez Václav se decidir e descer correndo. Quando ele abriu a porta, a luz mostrou melhor meu pai, que tinha uma garrafa na mão, duas taças e mais uma coisa que não distingui. Václav entrou no quarto e voltou com duas cadeiras, colocando-as diante da porta quando meu pai indicou que eles deviam ficar sob a neve que caía. Os dois sentaram-se, e meu pai abriu o que era, claramente, uma garrafa de champanhe. Serviu as duas taças e brindou com Václav, dizendo algo que não escutei. Ele tinha trazido também uma caixa de charutos e a abriu, insistindo várias vezes com Václav para que pegasse um. Aproximaram-se, protegendo-se do vento e da neve, seus rostos iluminados pela chama vermelha e grossa, e logo soltaram seguidas baforadas. Pareciam estar em silêncio, fumando os charutos. De vez em quando meu pai voltava a completar as taças, eles brindavam, voltavam a beber e a fumar em silêncio. Václav mantinha a cabeça baixa, e meu pai às vezes olhava para a janela do quarto do mordomo com muita atenção, como se quisesse ouvir melhor a música. Ele disse algumas palavras e Václav respondeu. Os dois se levantaram, deram um aperto de mão, e meu pai voltou para casa levantando sua taça, caminhando em uma linha que não era exatamente reta. Václav ainda estava com a taça na mão e, de repente, ergueu os olhos para mim e levantou a taça, como se me propusesse um brinde. Acenei devagar, levantando a mão como se segurasse uma taça invisível. Ele pôs o charuto na boca, pegou as cadeiras com uma das mãos e entrou.

Fiquei ouvindo ainda vários ruídos pela casa sem distinguir de onde vinham. Pareciam comemorações da turma da embaixada. Dormi sem me importar como eu acordaria.

BOAS NOVAS

Meu pai tomava café de óculos escuros e minha mãe ria.

— Mas, Cecília, foi um evento histórico!

— Estou vendo.

— Não ria de mim. Leopoldo Armando, faça alguma coisa!

— Desculpe, pai, mas nunca tive ressaca.

— Que desmoralização! O próprio filho tentando tirar o pai da devassidão.

— Pare, Cecília! Eu não bebo nunca, e champanhe é um perigo, me apanhou de surpresa, nada demais.

— Só a quantidade.

— Deus meu de misericórdia...

— Dai-me paciência! — disse eu.

Meu pai olhou para mim intrigado e perguntou:

— Onde você aprendeu isso?

— Minha avó sempre dizia essa frase.

— É verdade. Eu ontem pensei muito nela. Ela adoraria estar conosco, presenciando tudo isso. Seu avô serviu aqui quando eu tinha uns 8 anos, e aprendi a adorar a cidade. Ela também gostava de Praga, mas não ficamos aqui muito tempo. Bom, preciso ir. O dia hoje promete bastante trabalho. Se eu demorar, não me esperem para jantar. Vou verificar se a escola já vai normalizar as aulas e aviso vocês.

Ele se levantou decidido e ao mesmo tempo tirou os óculos. Parou de repente, em pé, os olhos fechados, as sobrancelhas arqueadas para cima, respirando fundo. Abriu os olhos, logo os comprimiu com força, fechando o rosto numa expressão de dor.

— Maldito champanhe...

Quando ele saiu, eu e minha mãe ficamos rindo. Sobre a mesa, uma pilha de jornais, e olhamos só as fotografias, sem entender nada do que estava escrito. Eram fotos das multidões intermináveis, de Dubček e Havel, da cerimônia na catedral, a que meu pai assistiu. Václav entrou, ficou curioso com as notícias nos jornais, e logo estávamos os três juntos, ele nos explicando as notícias, traduzindo as que despertavam mais a nossa curiosidade. Quando acabamos, a fome já apertava e resolvemos almoçar cedo. Durante a sobremesa, Václav deu um tapa na testa e disse alguma coisa incompreensível em tcheco. Eu e minha mãe nos olhamos sem entender nada.

— Senhora embaixatriz, Leo, por favor, me perdoem.

Cometi um erro grave. O malote! Deixei sobre a mesa da sua sala de trabalho e me esqueci de avisá-la.

Enquanto ele falava, eu já estava quase no meio da escada. Sobre a mesa da minha mãe havia uma caixa de papelão. Lá dentro, um pacote de envelopes de vários tamanhos amarrados por vários elásticos cruzados. Voei para o meu quarto, bati a porta, pulei na cama e os esparramei, sem saber qual ler primeiro. Resolvi embaralhá-los e sortear um a um de olhos fechados.

Quase todos os amigos escreveram. Rio de Janeiro, verão, e eles bronzeados e reclamando do calor e do trânsito para a praia. Sorvetes, uma nova loja de sucos no Leblon, as festas de Natal, os preparativos para as festas do ano-novo, alguns vão viajar para as praias e a serra, para uma fazenda no interior de Minas, para a casa dos avós em Salvador. Todos estão com saudades de mim e com inveja da neve, que a maioria nunca viu. As imagens de Praga na TV assustaram. Querem entender como uma revolução pode ser de veludo.

As reuniões da Confraria foram interrompidas pela morte da Helena e pela minha viagem. Estão esperando a turma estar inteira no Rio para voltarem a se reunir. As cartas reclamam do meu silêncio, e alguns amigos escreveram várias vezes. Antônio mandou um relatório sobre os filmes que viu e gostou. Sérgio acrescentou um bilhete mandando um abraço e perguntando se já tenho a receita de alguma comida tcheca para mandar. Vi um envelope grande que parecia estar cheio de coisas; deixei-o para o final de propósito. Com a carta da Laurinha veio outra, pequena, com uma letra bonita e uma porção de desenhos coloridos e engraçados.

Piloto,
você fugiu para Praga e me deixou aqui. Traidor... Vocês fãs são todos iguais, mas eu queria muito descobrir que você é diferente.

E então, como é essa cidade tão distante? Como é essa revolução de veludo e de neve? Eu faço sucesso por aí? Eles ouvem rock? São bons de bola? Devo ficar feliz por você ou morrer de pena do meu piloto?

Dê notícias sempre que puder e tiver paciência. Tomara que os meus desenhos bobos deem um pouco de cor para toda essa neve tão branquinha e fria. Beijo carinhoso e com saudades da que já foi Janis Joplin.

Clara

Clara. Que nome lindo. E agora? O que é que eu digo para ela? E se eu fingir que não recebi a carta? A culpa poderia ser do correio, da revolução, sei lá, de qualquer um. Caramba, que mentira horrorosa. Tenho de pensar com calma. Também, não preciso responder no mesmo instante. E essa nem é a dúvida mais importante. A cartinha dela é quase um bilhete, é simpática, porém não facilita para mim. Ou eu é que estou querendo moleza? Querer, eu quero, não é pecado. Ou é? Ah, sei lá. Acho que fiquei meio nervoso. Ela me deixa assim, nervoso. Não exatamente nervoso. Acho que ela me deixa ansioso. Não é exatamente ansioso. Ela me deixa de um jeito que eu não sei qual é porque nunca me senti assim. Mas é bom, muito bom. Quer dizer, bom mesmo não é. É uma coisa entre a barriga e o peito, e não só aí. Ler o seu nome, Clara, deu um arrepio na nuca.

AMIGO,

cadê você? Já passou muito tempo desde que você foi embora, na televisão vejo notícias daí e você não escreve? Estamos todos preocupados, mas eu ainda sou o seu melhor amigo e preciso saber o mais rapidamente possível o que está acontecendo.

Por aqui é o que você conhece. Verão, calor, Natal, correria, férias, umas praias para animar, muita música, encontros da turma, mas sem as reuniões da Confraria. A novidade musical do momento é que o Pedro ganhou um violão e está tendo aulas. Toda vez que estamos juntos ele tem que tocar. Aqui entre nós, ele só aprendeu três músicas até agora e eu já não aguento mais. Pois é, amigo é para essas coisas.

Alice continua a ser a menina mais linda do mundo, e eu acho que ela será para sempre. E é claro que também é a mais inteligente e esperta. Agora que você viajou, acho que ela é a única pessoa que me entende. Ela sabe tudo de mim, e só de nos olharmos um já percebe o que o outro está sentindo, pensando. Minhas irmãs e minha mãe dizem que eu estou insuportável. Meus irmãos também não me entendem e não largam o meu pé. Agora inventaram uma brincadeira que eles acham muito engraçada e que pode acontecer a qualquer momento e em qualquer lugar, menos quando estou com a Alice, porque não vale sacanear com a namorada por perto, isso é sagrado, você sabe. Um dos meus irmãos pergunta: "Você é otário, mané?" Aí o outro pergunta: "Ou será que você é mané, otário?" Os dois se dobram de rir, choram, rolam, sacodem os pés no ar, e eu não vejo a menor graça. Não sei quem foi que contou para eles, mas outro dia estavam os dois desfilando pela casa, muito sérios, penteando os cabelos com lápis. Sábado passado, na hora do almoço, um veio para a mesa com uma peruca feita de papel e toda rabiscada. O pior é que todo mundo acha a maior graça, e aí mesmo é que os dois deitam e rolam. Um absurdo. Até meu pai, que tentou ficar sério e botar moral, acaba rindo dos débeis mentais que ele pôs no mundo. Mas não tem nada, o tempo passa, o mundo gira, sei lá qual é o ditado, mas tenho certeza que vai ter volta. Um vai namo-

rar uma mocreia, o outro vai se apaixonar perdidamente por um jaburu. As duas vão ser mais burras do que porta de mola. Pode esperar.

Sem saber de nada, inocente e feliz, minha ruivinha está cada vez mais linda, mais teteia, mais gracinha, mais quititinha quando eu a abraço com tanta força que ela dá um gemidinho roquinho, fica toda vermelhinha, uma coisa. Ao mesmo tempo, o nosso namoro fica cada vez mais maduro. Lembra quando você achava que eu estava ficando maluco? Engraçado, né?

E aí? Como é essa Praga? Brincadeira... Está gostando? Tem lugar aí para mim? Uma cama quentinha e quatro refeições por dia? Se tiver, manda a passagem que eu vou. Afinal, amigo é para essas coisas. Veja se escreve! Urgente! Grande abraço do seu melhor amigo.

Felipe

PACOTE

É um gaiato esse Felipe! Pensa que eu não percebo que ele quer fazer graça, que quer dizer que é um amigo com quem posso contar, mas sem falar a sério o tempo inteiro. É ótimo, porque andei achando todos muito solenes, sempre bastante alertas e obedientes, sempre vigilantes de mim e das minhas tristezas. Preciso escrever para ele primeiro, porque é mesmo o meu melhor amigo.

Agora chegou a hora, já li tudo, só falta o tal envelope cheio de coisas. Como sempre faço, guardei o melhor pedaço para o final. No fundo do pacote estão seis fitas, numeradas com algarismos romanos. Tem também uma pasta de cartolina com cara de ser bem antiga e um bilhete com a letra do Felipe.

Leo,
ontem recebi uma visita inesperada. Estava em casa quando vieram me avisar que tinha uma senhora me chamando. Era dona Maria, o anjo da guarda da Confraria. Eu não tinha notícias dela desde o enterro da dona Helena. Ela me pareceu bem, forte e saudável, apesar de um pouco mais magra e muito triste. Pediu que enviasse para você, com urgência, esta pasta e estas fitas. São anotações da sua avó. Ela estava preparando uma apresentação na Confraria sobre os anos 1950 e os primeiros roqueiros. De ontem para hoje quase não dormi, porque resolvi dar uma lida rápida, ouvir uma ou outra música, e atraquei, não consegui mais pensar em outra coisa. Nem sei se é por causa das músicas, ou pelas informações que a sua avó estava juntando. Acho mesmo que foi porque, de repente, era como se a Confraria estivesse de volta, nós todos juntos, o tempo nos dando outra chance. Aí, bem depois da metade, resolvi parar, não ler nem ouvir mais nada, tentando guardar o restinho para depois, outro dia, sei lá quando, acho que quando você voltar. Hoje acordei cedo, encarei a fila interminável no correio, cheio de gente mandando cartões de Natal, para mandar para você o quanto antes. Isto é seu, vindo diretamente da sua avó, mas você fica devendo dividir conosco logo que possível. Veja se aproveita bastante.

Dona Maria me disse que estava indo ontem mesmo a Brasília, de ônibus. Ia para a casa de uma ex-secretária do seu avô, Leo, de quem ela e a dona Helena eram muito amigas. Disse que vai escrever para você na primeira chance, logo que conseguir descansar um pouco. Ela contou que ficou muito ocupada arrumando a casa e as coisas da sua avó.

Bom, é isso. O resto eu mandei numa carta para você. Já recebeu? Por que não respondeu? Está muito ocupado ou é só um idiota mesmo? Alice manda um beijo para o cunhado. Como se irmão não fosse um treco que eu já tivesse de sobra.

Grande abraço, cara.

Felipe

Dentro da pasta havia várias páginas datilografadas, com algumas anotações nas margens ligadas a frases sublinhadas no texto, uma ou outra palavra rabiscada, setas bem desenhadas apontando coisas lá e cá. Fiquei pensando na mão da minha avó passeando seu lápis sobre o papel, sentada na mesa do escritório, sei lá quando, porque eu nunca a vi fazendo nada disso, nem datilografando, nem gravando fitas. Talvez ela fizesse tudo isso quando eu estava no colégio, quando estava trancado no meu quarto, quando saía com a turma. As fitas, ela deve ter gravado para a festa da apresentação de *Woodstock*; eu nunca soube. Fiquei acariciando o papel como se pudesse sentir suas mãos nele. Cada uma daquelas palavras era como um carinho que Helena me fazia de muito longe.

MEU NETO,

resolvi fazer estas anotações por puro entusiasmo com as reuniões que você está realizando com seus amigos. É muito bom ver você outra vez alegre e feliz, podendo aproveitar não só os discos, mas também as indicações e os artigos do seu pai. Acontece que aí você não vai encontrar quase nada sobre os primeiros roqueiros; essa é parte da coleção feita por mim. É que eu nunca cumpri a promessa de criar as fichas para os meus discos. Não prometo fazer agora. Apenas tentarei passar algumas recordações para que você mesmo, quem sabe, se aproxime e se aprofunde mais. Como sempre, começo do princípio, lembrando.

Para você entender como sua avó foi gostar de rock é só saber de uma coisa: eu adoro dançar. Desde menina, muitas vezes sozinha, na frente do espelho, usando as roupas das minhas irmãs mais velhas ou da minha mãe, eu dançava como se houvesse uma festa maravilhosa para a qual só eu e a minha imaginação tivéssemos sido convidadas. Minha casa tinha um rádio enorme e um gramofone de corda, daqueles com uma corneta decorada, e nunca faltava música. Minhas prediletas eram as marchinhas de carnaval e as bandas americanas do Dixieland jazz de Nova Orleans, do Harlem nova-iorquino, foxtrot, de toda aquela farra, dos exageros anteriores à Grande Depressão de 1929. Já naquela época eu tinha os meus preferidos, e o jazz para mim significava apenas dançar, sem entender nada sobre os ritmos e suas diferenças. Meu predileto era Louis Armstrong com a Sebastian New Cotton Club Orchestra, e acho que eu ainda seria capaz de cantar algum pedacinho de "I'm a ding dong daddy".

Enquanto eu crescia, um furacão musical ganhava o mundo — o swing. Todos queriam dançá-lo, e os salões se multiplicavam a cada dia — nunca um tipo de música havia tocado e vendido tanto. Em 1930 eu tinha 5 anos, mas em 1940, quando a onda das orquestras estava no auge e uma nova década começava, eu tinha 15. Isso significava conquistar o direito de ir aos bailes com as irmãs mais velhas e a minha mãe. O salão do Fluminense todo iluminado, as moças com vestidos longos e rodados, de tule e tafetá, os rapazes de black tie ou summer jacket, parecia uma visão do paraíso, de um mundo perfeito que, entre olhares e suspiros, parava para nos ver dançar.

Swing quer dizer balanço, e é uma palavra mágica. Tínhamos um rei absoluto chamado Benny Goodman, seguido por uma longa lista de orquestras maravilhosas dispu-

tando os primeiros lugares das paradas de sucesso. Tommy Dorsey, Glenn Miller, Gene Krupa, Artie Shaw são alguns dos nomes de que me lembro agora. Todos eles, no entanto, eram músicos brancos, já que a segregação racial americana não aceitava que negros e brancos tocassem lado a lado nas orquestras. Fletcher Henderson, Don Redman, Benny Carter, Lionel Hampton, Duke Ellington, Cab Calloway, Chick Webb, Count Basie eram alguns dos vários "reis negros" que faziam sucesso.

Benny Goodman teve de esperar muitos anos até realizar o sonho de tocar para o público do Harlem. Ele conseguiu em 1937, quando levou sua orquestra para tocar no Savoy Ballroom, para participar de uma "battle", uma batalha, um desafio entre duas orquestras. A banda do Benny enfrentou a do Chick Webb, a predileta do Harlem, e perdeu. Mas aquela foi uma noite que entrou para a história, que nunca mais seria esquecida pelas quatro mil pessoas que estiveram lá, além das outras cinco mil que ficaram na Avenida Lenox sem conseguir entrar.

Seu avô era um "pé de valsa", como se dizia na época. O Rio de Janeiro era a cidade mais linda do mundo, e só precisávamos de uns trocados para o bonde, um guaraná para mim, um uísque para ele. De vez em quando ele recebia um convite para alguma festa no Copacabana Palace ou em alguma embaixada. Ele estava no início da carreira, o salário era apertado, eu precisava improvisar minhas roupas, mas nos divertíamos muito. Depois seu pai nasceu, seu avô foi nomeado para o primeiro posto fora do Brasil, e dançar virou um programa doméstico. Tínhamos um toca-discos portátil americano, o máximo para a época, uma grande variedade de discos, e ligávamos baixinho, à noite, para dançar sem acordar seu pai, ainda bebê. Mas ficávamos felizes como se estivéssemos nos grandes bailes, com as melhores orquestras tocando para nós. Minha predileta era "Sing, sing, sing", do Louis Prima, que virou um sucesso com a orquestra do Benny Goodman, com geniais solos de bateria do Gene Krupa. Aí vai uma gravação para você.

Seu avô entendia do assunto, estudava, gostava de me levar com ele aos clubes de jazz. Comprava todos os discos que podia, sempre anotava os que não cabiam no orçamento para não esquecer depois. Apesar de ter alguns discos dos anos 1920 e 30 que vieram da minha família, essa coleção foi iniciada mesmo pelo seu avô, com jazz e blues. Um dia, quando você tiver explorado o universo do rock por inteiro, tenho certeza de que voltará aos discos mais antigos e ficará maravilhado.

Os anos 50 foram uma era de crescimento econômico, de conservadorismo, de Guerra Fria. Seu avô foi transferido para o consulado brasileiro em Los Angeles, na época um posto bem tranquilo. A cidade é a capital do cinema e fica no meio da Califórnia, onde acontecia um bocado de mudanças, principalmente ali perto, em São Francisco.

Nas últimas décadas, duas grandes guerras haviam sacudido o mundo, com a mais brutal depressão econômica entre elas. É claro que muita gente estava colocando as instituições em xeque, e as artes, outra vez, não iam deixar de pôr todos os dedos em todas as feridas. Uma porção de artistas plásticos, músicos, gente de teatro e cinema, escritores, todos começaram a expressar frustração com um mundo injusto e violento. Na literatura, um grupo pequeno e um bocado talentoso se encontrou na Universidade Columbia, em Nova York. A turma original era formada por Jack Kerouac, Allen Ginsberg, Neal Cassady, William S. Burroughs, Gregory Corso. Em meados dos anos 1940 eles já andavam juntos e resolveram ir para São Francisco, onde Gary Snyder, Lawrence Ferlinghetti, Michael McClure e outros formaram o núcleo do que ficou conhecido como Geração Beat. Eles não encontravam editores dispostos a publicá-los, e o grupo se ajudava muito para não deixar o desânimo tomar conta.

A primeira apresentação pública virou lenda. A Six Gallery era uma pequena galeria de arte montada em 1954, sucedendo a outra galeria, a King Ubu, a qual dois anos antes se instalara no local de uma antiga oficina mecânica de automóveis. Kenneth Rexroth apresentou cinco poetas que começaram a ler poesias às oito da noite. Para a maioria daqueles artistas, esse foi o primeiro palco, e o surpreendente é que havia umas 150 pessoas para ouvi-los recitar. Meu predileto é Allen Ginsberg, um poeta atormentado e sofrido, com uma voz direta e delicada, que naquela noite declamou um de seus mais lindos e famosos poemas, "Howl" (Uivo), que começa com um verso triste e verdadeiro: "Vi as melhores cabeças da minha geração destruídas pela loucura [...]". Eles escreviam com a mesma força rasgada do blues, a aguda batucada do jazz. "[...] que na pobreza e em andrajos e de olheiras fundas e chapados acomodaram-se para fumar na sobrenatural escuridão dos miseráveis apartamentos sem calefação flutuando acima dos telhados das cidades contemplando o jazz."

Ele tinha 29 anos e nada publicado. O poema vinha sendo escrito fazia quase um ano, ainda estava incompleto e só seus amigos próximos o conheciam em parte. Allen começou a cantá-lo como um daqueles hinos das cerimônias judaicas, lento, lamentoso, lindo. Rexroth chorava, a multidão ficou paralisada, Kerouac, sentado em um canto do palco, gritava "VAI! VAI! VAI!" A noite foi consagradora e terminou em um restaurante chinês. Cafés, clubes de jazz e blues, bares decadentes logo se transformaram em palco para aqueles poetas que se tornaram celebridades em São Francisco e logo estariam mostrando aos Estados Unidos e ao mundo inteiro uma nova palavra, furiosa e bela.

Ali, naquela noite, 7 de outubro de 1955, um punhado de poetas estava dizendo que não se importava que aquela fosse a década da Guerra Fria, da caça às bruxas do senador McCarthy, da boneca Barbie e da Disneylândia. Eles não permitiriam que o mundo fosse dividido em duas partes que disputavam uma corrida armamentista alucinada, cada uma autoproclamada o "Bem" contra o "Mal". Num mundo partido, preto e branco, reduzido em simplificações para lá de estúpidas, uns poucos poetas delirantes se reuniam para dizer que resistiriam, que se recusavam a apenas se conformar.

Eles não tinham um plano, não queriam nada além de escrever e espalhar sua poesia. Mas ali começam a se encaminhar sentimentos desorientados pelo mundo afora, esperando que alguém se levantasse para dizer "chega, basta; não vou cortar o cabelo à escovinha, frequentar o culto e pagar prestações pontualmente, tique-taque, obrigado, sim senhor, obrigado, tique-taque, sim senhor". Eles estavam rasgando a pele da poesia, outra vez, para dizer que o mundo é grande e complexo e essa é sua beleza, e nele existe lugar para todos, até para eles, os poetas atirados ao risco magnífico da arte.

Há quem diga que sem eles nenhuma rebeldia teria sido possível, nenhuma manifestação de alegria, de desejo, de inconformismo, nem o rock, nem os hippies, nem pacifismo, nem revolta, nem os jovens e as muitas liberdades que buscavam. Talvez, apenas talvez, Leo, simplesmente porque é bonito imaginar que foi assim, talvez fosse mesmo verdade o que o cartaz anunciava para aquela noite: "um extraordinário conjunto de anjos lendo seus poemas em um palco".

Parei de ler. Queria guardar para depois, queria que durasse para sempre, que houvesse mais uma página depois, e outra, e outra, até o infinito. Minha decisão de não ficar triste, de não chorar, estava sendo violentamente desafiada, mas eu encarava olho no olho, respirando fundo, sem tremer.

De repente me dei conta de que anoitecia, que deviam ser umas cinco da tarde. Ninguém me chamou para almoçar, e não faço a menor ideia do motivo. Será que se esqueceram de mim? Tomei um banho longo, preguiçoso, tentando resolver o dilema de ler ou não ler o que a Helena tinha escrito, de ouvir ou não as fitas, de separar uma coisa da outra. Nenhuma ideia parecia boa.

Desci rápido, com a fome apertando. Minha mãe estava escrevendo em sua escrivaninha, e resolvi não interromper. A cozinha e tudo lá fora era um vazio só, inclusive a garagem; a janela do quarto do Václav, fechada.

Fui até a porta que separa a residência da embaixada, abri um pouco, bem devagar, e vi que havia muito movimento, gente andando de um lado para o outro, sofás e poltronas cheios, gente em pé, várias xícaras sobre as mesinhas, Václav com bandejas de copos d'água, bules e xícaras. De vez em quando aparecia um funcionário ou a secretária do meu pai, se aproximava de uma daquelas pessoas e as acompanhava.

Eu não fazia a menor ideia do que estava acontecendo. Voltei para a cozinha, preparei um sanduíche para mim e outro para a minha mãe.

— Você adivinhou que eu estava morrendo de fome?

— Eu também estava. Já viu o movimento na embaixada?

— Acho que vamos ter que fazer nosso jantar hoje.

— Para mim qualquer coisa está boa. O que você está fazendo?

— Estou lendo e respondendo a correspondência. E você?

— Eu também. Tem gente que me escreveu várias vezes. Você acaba de me dar uma ótima ideia. Vou responder as cartas. Depois a gente conversa.

MELHOR AMIGO,

estou aqui, em Praga, fechado dentro de casa, nada para fazer, neve lá fora, revolução por toda a parte, sirenes gritando sem parar, notícias na TV em tcheco, zero de entendimento, nada. Mas não há perigo, a revolução foi feita na pressão popular, gente na rua, sem sangue. A Revolução de Veludo.

Desde que cheguei, nem o malote nem os correios funcionam. Agora tudo está voltando ao normal, e respondo primeiro a você. Acho que deveria escrever para a Clara, a linda Janis Joplin, mas não sei bem o que dizer. Preciso pensar. Não posso escrever para todo mundo e nada para ela. Dilemas, dilemas... Tenho que dar um jeito nesse assunto.

A casa é o máximo, e o meu quarto é quase perfeito: grande, isolado, confortável, a maior privacidade. Se quiser vir é só avisar, embora a possibilidade de mandar a passagem seja de algo muito próximo de zero. A comida é boa, as sobremesas são ótimas, e o funcionário que nos atende, o Václav, é bem legal.

Já sei que você não vai acreditar: tomei cerveja! Até aí, nada demais. Você já bebeu cerveja, gim, uísque e cachaça, porque todo mundo sabe que você é o maior pinguço, um pé de cana condenado. Mas a novidade, a surpresa mesmo, cara, é que quem me ofereceu as cervejas foi... MEU PAI! O próprio, o tal do senhor embaixador! Foi no Natal, uns convidados tchecos, todos eles fumando charuto, e aí provamos várias cervejas, com direito a explicações bastante legais. Ele tem trabalhado demais, a maior correria de manhã cedinho até de madrugada, sem parar. Mas ontem, o dia em que a revolução se definiu mesmo, ele só podia esperar, não tinha mais nada para fazer. Passamos o dia inteiro conversando — ele, minha mãe e eu. Foi a conversa mais incrível que já tivemos. Václav contou um bocado da história da Tchecoslováquia, coisas incríveis sobre a Segunda Guerra, a invasão dos soviéticos, a resistência do povo, e agora a Revolução de Veludo. Ele sabe muito sobre este país, e você precisava ver como ele tem a maior paixão pelo assunto. Parece outra pessoa, e eu me orgulho disso.

No final do dia anunciaram que o escritor e dramaturgo Václav Havel é o novo presidente da República, e o país inteiro parou para comemorar. Meu pai foi para a cerimônia de posse no Castelo de Praga, onde houve um concerto que ele achou maravilhoso. De noite, da janela do meu quarto, eu o vi ir cumprimentar o funcionário da embaixada, o Václav, e comemorar com ele conversando, fumando um charuto e tomando champanhe. Eu nem acreditava no que via, Felipe. Aquele nem parece o meu pai.

Minha mãe também está mudada. Outro dia, perguntei ao meu pai sobre a coleção e tomei uma daquelas, de perder o rumo. O cara me passou uma descompostura, aos gritos, todo neurótico. Ela nem se alterou, só mandou ele tratar de trazer a minha coleção imediatamente, sem discussão. Ele parecia uma beterraba, mas não respondeu nada. Na véspera, eu e ela tínhamos conversado muitas horas, sobre várias coisas, ouvimos "Over the rainbow", aquela música do filme "O Mágico de Oz", e ela me puxou para dançar. Para você ver como ficar preso dentro de casa pode alterar o comportamento das pessoas.

Estou lendo as anotações da Helena bem devagar, para aproveitar cada pedacinho. Não sei se vou conseguir — é como estar perto dela outra vez, conversando, ouvindo as histórias, suas opiniões. Você sabe como ela era. Talvez acabe devorando tudo de uma vez.

Por falar em música, adorei a que você mandou e quero saber quais são as obras mais importantes nesse repertório do Pedro. Será que você se lembra?

Sobre o tal do Felipe, nenhuma novidade, né? Para começar, você pode me dizer que diabos quer dizer "quititinha"? Você enlouqueceu? Será que tapa na orelha dá jeito? Estou começando a achar que sei como você se sente. Quando li o que Clara me escreveu, mesmo sendo pouco, fiquei morrendo de vontade de estar junto dela. Você tem visto ela por aí? Tem alguma informação importante? Não sei nada sobre ela; estivemos juntos uma vez, depois a Helena morreu e eu vim para cá. Se você souber, precisa me contar tudo. Veja lá!

Você faz falta, cara. Crescemos juntos e eu queria que você visse a cara de pafúncio dos sujeitos da minha nova escola. Você não acredita, parece um desfile de pastel, um concurso de "eu sou da mamãe", um campeonato de "hã?" em vários idiomas.

Escreva sempre. Exagere. Beijo para a minha cunhada. Diga que vou escrever. Abraço de melhor amigo.

Leo

ESQUINA

Eu me distraio e fico aqui escrevendo sobre os beats até depois de amanhã. Começo a transcrever os versos para você, a lembrar do "On the Road", o grande livro do Kerouac. Mas o nosso assunto aqui é outro, é rock and roll.

Você se lembra do que o seu pai escreveu sobre as origens do rock, inclusive o nome rock and roll. Mas o que nós chamamos de rock and roll, como ritmo e como comportamento, não estava ainda definido em 1952, como lembrou o seu pai, que ia a bailes nesse ano. Era como se várias pessoas viessem caminhando sem um trajeto planejado. Vinham de várias cidades americanas e traziam na bagagem muitas coisas em comum. Quase todas eram negras, com a vida mergulhada em diversas tradições musicais, como blues, rhythm and blues (o famoso R&B), gospel, country & western. Todas tinham claro que aquela onda da dança que conquistava multidões desde o princípio do século queria crescer sempre mais. É claro que ninguém inventou o rock, ele não é obra de uma pessoa, como nenhum tipo de música nunca foi. Mas alguém chegou primeiro à encruzilhada, puxou uma guitarra, juntou um piano, um baixo, uma bateria e começou a tocar um negócio novo, que atraiu uma multidão que queria dançar, ao mesmo tempo que fisgava os músicos que vinham pelo caminho. Sem combinar, naquele mesmo ano de 1955 uma multidão se encontrou em uma esquina e nunca mais parou de crescer. Esquinas, Leo. Esquinas de Nova Orleans, do delta do Mississippi, esquinas pondo junto jazz, blues, R&B, tanta coisa, de onde o tal do rock and roll sai gritando, dançando, sacudindo tudo.

Um músico muito típico daquele meio, daquela cultura, foi Fats Domino. Ele nasceu em Nova Orleans, sua primeira língua foi o francês, e com 10 anos já se apresentava como pianista profissional. Era uma figura simpática, sorriso aberto, voz doce, um piano inesquecível. Fats começou a fazer sucesso com R&B desde 1950, atingindo algumas vezes os primeiros lugares das paradas, vendendo milhões de exemplares de hits como "Every night about this time", "Goin' home" e "The fat man", que é de onde saiu o seu apelido.

Em 1955 aconteceu o seu primeiro sucesso consagrador. Aquele era o ano do rock, e Fats tinha tudo para emplacar. Sua música "Ain't that a shame" chegou ao décimo lugar das paradas de sucesso, até que um jovem cantor branco colo-

cou-a em primeiro, tornando-se uma estrela pop. Pat Boone era um sujeito certinho, cabelo bem cortado, com todos os requisitos para agradar o público comum que gosta de sujeitos bem-comportados. Boone aparou a canção por todos os lados, tirando dela qualquer ritmo quebrado, qualquer gíria ou simplificação — o próprio título, vergonhosamente, foi "corrigido" para "Isn't that a shame?" O rock ainda precisava ganhar prestígio na grande mídia, respeito dos conservadores e do público branco, e Pat Boone era apenas um sujeitinho atrás de sucesso fácil, que logo gravou canções patrióticas e religiosas para ganhar dinheiro. Até hoje Fats Domino, com mais de 60 anos, ainda grava e se apresenta. "I'm in love again", "The girl can't help it", "Blue monday", "I'm walking", "Whole lotta loving", "Be my guest" são algumas canções que o mantiveram no topo durante tantos anos. Sem ele o caminho até aquela esquina teria sido muito mais difícil.

Um dos primeiros a chegar lá foi um que soube combinar o dedilhado da guitarra country & western com uma estrutura rítmica de R&B. Suas letras eram cheias de duplos sentidos, insinuações divertidas, sempre falando de carros e garotas. Teve um sucesso explosivo, e logo todo mundo estava dançando e cantando as músicas de Chuck Berry. No início dos anos 1950 ele teve um trio de blues bastante conhecido. Porém, a gravadora Chess Records, de Chicago, gostou não do blues e sim de uma canção com uma batida puxada, a tal combinação de R&B com country. "Maybellene", lançada em 18 de agosto de 1955, quase imediatamente conquistou a quinta posição entre as canções mais tocadas. Chuck Berry não tinha inventado o rock and roll, mas tinha lançado as bases. Ao mesmo tempo, conseguiu uma posição rara naquela época: era um artista negro em destaque na paisagem quase exclusivamente branca.

Seus sucessos não pararam de ser gravados pelas gerações mais jovens, e Keith Richards e John Lennon sempre contaram que foram influenciados por aquelas músicas. "Sweet little sixteen", "Rock and roll music", "Maybellene" tocam há 30 anos, com fôlego para muito mais. "Johnny B. Goode" é o personagem símbolo do rock, contando os sonhos de milhões de meninos do Sul dos Estados Unidos, das beiras de estrada da Louisiana, que querem ser astros do rock. "Way back up in the woods among the evergreens there stood a log cabin made of earth and wood where lived a country boy named Johnny B. Goode, who never ever learned to read or write so well but he could play a guitar just like a-ringin' a bell" (Lá numa floresta de árvores sempre verdes havia uma cabana de barro e madeira onde morava um lavrador chamado Johnny B. Goode, que nunca aprendera bem a ler ou escrever, mas tocava guitarra tão fácil quanto tocar campainha).

Johnny B. Goode
Chuck Berry

"Roll over, Beethoven" foi uma brincadeira de Chuck Berry com sua irmã Lucy, que estudava piano e disputava o instrumento com ele para tocar as obras de Beethoven. Como "Johnny B. Goode", é música feita para dançar: "Well I'mma write a little letter, gonna mail it to my local DJ. It's a rockin' little record, I want my jockey to play. Roll over, Beethoven, I gotta hear it again today" (Vou escrever uma cartinha e mandá-la pro meu DJ. Fala de um disquinho balançado. Quero que ele o toque. Renda-se, Beethoven, vou escutar o meu disco de novo).

Roll over, Beethoven
Chuck Berry

Ele criou ainda um movimento característico: apontava o braço da guitarra para a frente, segurando-a ao lado do corpo, dobrava os joelhos e dava passadas largas por todo o palco. O público delirava. Não há quem consiga ficar quieto ouvindo suas músicas. Ele contava as histórias, falava dos sentimentos, entendia a busca de diversão dos jovens. Uma vez ele disse numa entrevista: "Tudo que eu compus não foi a meu respeito, mas a respeito dos ouvintes".

E tinha toda a razão. As pessoas querem essa compreensão imediata, forte, poderosa. Se for bom para dançar, aí é perfeito. O rock era tudo isso. Divertido, irreverente, provocante, muitas vezes engraçado, aqui e ali temperado pelos grupos e pelos DJs com uma balada bem romântica para facilitar a aproximação e, quem sabe, o namoro. Os nomes começaram a aparecer, músicos talentosos, a maioria vinda do blues. Quase todos negros.

Richard Wayne Penniman, um garoto pobre da Geórgia, passou a juventude cercado dos 11 irmãos e de qualquer música que houvesse, desde o vaudevile até o blues, passando pelo country e pelo gospel. O universo que o envolvia era pobre mas sonoro — os pregões de vendedores ambulantes, a cantilena nasalada, monótona, aguda, estridente dos grupos de religiosos fanáticos que se reuniam nas ruas miseráveis para a pregação praguejada, ameaçadora. O pai dele mesmo era um pregador que reforçava o orçamento familiar vendendo uma aguardente barata chamada "moonshine". Mas também havia os cantos do trabalho, os spirituals entoados em casa, as grandes cantoras de gospel das igrejas, que tanta influência tiveram sobre ele. Foi com o gospel que ele começou a fazer música, ainda bem jovem, cantando em quartetos. Para a sociedade da época, preconceituosa e ignorante, sua homossexualidade lhe criava um problema, apesar de sua personalidade contagiante fazer dele um sujeito popular e querido.

Já bem conhecido como Little Richard, ele foi embora da sua cidadezinha natal, Macon. Em 1951 venceu um concurso para jovens talentos e chegou a assinar contrato com a RCA Victor, seu primeiro compacto fez um enorme sucesso na Geórgia, mas não no resto do país. No ano seguinte retor-

nou a Macon por causa da morte do pai, assassinado, e foi cantar blues num clube da cidade e também lavava pratos na rodoviária.

Suas tentativas continuaram, algumas antecipando o que estava por vir. No ano mágico de 1955, Richard mandou uma gravação demo para a Specialty Records. Uma sessão foi marcada para seis meses depois, em Nova Orleans, mas os blues lentos não impressionaram ninguém. Em um intervalo, Little Richard acompanhou o produtor Robert Blackwell a um café próximo, e, como o lugar estava quase vazio, foi até o velho piano para brincar um pouco. Ele tocou como um alucinado, gritando e dançando, de pé, uma perna apoiada sobre o teclado. Blackwell estava tendo uma visão — era aquilo que faria sucesso! Voltaram ao estúdio sem que Richard entendesse direito o que estava acontecendo. Chamaram a letrista da gravadora, Dorothy LaBostrie, para dar uma limpada na letra e, 15 minutos depois, estavam gravando uma canção que ia sacudir o mundo com sua letra estranha e sem significado algum: "Whop bop b-luma b-lop bam bom. Tutti frutti, oh rooty, tutti frutti, oh rooty, [...] tutti frutti, oh rooty. A wop bop b-luma b-lop bam bom".

Tutti frutti
Little Richard

Para Little Richard, o rock é a mistura do boogie-woogie, que é uma maneira peculiar de tocar piano, com o R&B, que abrange músicas diferentes entre si. A partir daquele setembro de 1955, Little Richard colecionou sucessos estrondosos como "Tutti frutti": "Long tall Sally", "Rip it up", "Lucille", "Jenny Jenny", "Keep a-knockin'", "Good golly, Miss Molly" e "Ooh! My soul". Dezoito meses depois, ele subitamente abandonou a carreira para se dedicar à religião. Recentemente Little Richard voltou a se apresentar e aonde vai sempre faz sucesso. Seu cabelo engomado, o rosto maquiado demais, a roupa colorida e brilhante, os gritos agudos, os olhos *revirados, o piano martelado pelas mãos rápidas, o carisma, tudo nele é sinônimo de show, de entretenimento, de vínculo com o público.*

O rock dos anos 1950 era negro e as gravadoras queriam um ídolo branco e roqueiro para os Estados Unidos. O que apareceu ninguém poderia imaginar.

ANO-NOVO

A reunião estava prevista para as 6 da tarde, com direito a ceia, bate-papo, cervejas tchecas, música para dançar e comemoração da passagem do ano-novo no Brasil, em um horário que não prolongasse tanto o expediente normal da embaixada. Depois, cada um tinha suas festas com amigos e uns poucos com a família.

Estavam todos felizes, aliviados com o fim daquela revolução, que, mesmo sendo de veludo, trouxe um bocado de tensão. Ninguém achava que os russos e os outros países do Pacto de Varsóvia pensassem em interferir, muito pelo contrário. Mas existia o medo de que a linha dura do partido comunista daqui resolvesse reagir. Aí poderia acontecer bastante violência.

A maioria dos convidados era de diplomatas que serviram no Brasil, professores de língua portuguesa, uns poucos funcionários da embaixada e um ou outro tchecoslovaco. Da minha idade, ninguém; mais novo que eu, ninguém. E até, digamos, dez anos mais velho do que eu? Ninguém. Meu pai e minha mãe recebiam as pessoas com sorrisos educados, sem entusiasmo, como se espera dos senhores embaixadores e das senhoras embaixatrizes. Václav andava de um lado para o outro com bandejas cheias.

Estava tocando uma música insuportavelmente chata, melosa e lenta. Perto do velho aparelho de som, todo de madeira, com caixas enormes cobertas por tecido meio amarelado, havia uma mulher com um sorriso simpático e encabulado que tentava animar os convidados apenas batendo palmas, tão lentamente quanto a música, balançando a cabeça e os ombros para lá e para cá, devagar, bem devagar. Fui chegando perto, e ela puxou assunto.

— Você não é o filho do embaixador?

— Sou sim. Meu nome é Leo, muito prazer.

— Muito prazer, Leo. Eu sou Rita, oficial de chancelaria.

— Que música é essa?

— Bem, são discos da embaixada. Essa é da orquestra do Ray Conniff.

— Não tem nada de música brasileira?

— Só encontramos os hinos oficiais e estes discos aqui, todos do Ray Conniff e do Mantovani.

— E você gosta?

— Não muito, mas é melhor do que não ter música.

— Eu tenho coisa bem melhor para ouvir. E para dançar.

— Mesmo? O que é?

— Algumas gravações em fita de velhas orquestras, discos de rock dos anos 1950 e até coisas mais pesadas, como heavy metal.

— Acho que seu pai não aprovaria.

— Acho que ele não se incomodaria com músicas mais antigas.

— Mesmo? Tem certeza?

— Tenho. São fitas gravadas feitas pela minha avó, a mãe dele.

— Ela faleceu, eu soube. Meus sentimentos.

— Obrigado. Eu acho que ele gostaria de ouvir. Vamos pôr pra tocar?

— Se você acha que não há problema...

— Tenho certeza. Vou pegá-las lá no meu quarto.

Subi o mais rápido que pude, mas sem correr para não chamar a atenção de ninguém, e voltei carregado com meu pequeno aparelho e as fitas. Rita estava lá, balançando sem graça. Preparei tudo com a ajuda dela e tentei criar uma ordem mais ou menos cronológica de músicas que fossem boas para dançar. A primeira que toquei foi "I'm a ding-dong daddy", com Louis Armstrong. Logo havia um pequeno grupo à nossa frente para ouvir de perto, e Rita ficara bem mais animada. Depois veio "Happy days and lonely nights", com Harry Hudson, seguida de "Vo-do-do-de-o blues", com o Goofus Five, e uns três casais já começavam a dançar, as moças imitando melindrosas, os sujeitos brincando de embaralhar os joelhos com as mãos. Rita me chamou para dançar e eu aceitei.

A cada música que acabava, os convidados pediam outra e nós corríamos para substituir as fitas. Passamos pelas orquestras de Glenn Miller, Tommy Dorsey, Gene Krupa, até o grande momento, "Sing, sing, sing", com Benny Goodman, quando quase todos vieram dançar. A música foi subitamente interrompida. Houve um início de lamento, até todos se virarem e verem que o meu pai desligara o aparelho de som. Um silêncio absoluto caiu sobre o salão. Ele tinha um daqueles seus sorrisos de lábios fechados.

— Muito bem, senhoras e senhores, me perdoem pela interrupção. Acontece que estamos a alguns segundos de encerrar o ano no horário que determinei para as nossas comemorações.

Olhei para o relógio e vi que faltavam 10 para as 8 horas. Ele ia encerrar a festa mais cedo. Achei que deveria avisá-lo.

— Pai, acho que ainda faltam alguns minutos.

Ele me olhou sério, de uma maneira que eu conhecia fazia anos, que vira muitas vezes, mas achei que pudesse esquecer nesses últimos dias, e voltou a sorrir daquele seu jeito.

— Daquela porta para cá, Leopoldo Armando, sou eu quem diz que horas são.

Ele deu uma meia gargalhada e olhou para as pessoas mostrando que queria ser acompanhado. Algumas sorriram, encabuladas. Ele não deu tempo para nenhuma reação e começou a contar.

— Cinco, quatro, três, dois, um. Feliz ano-novo!

Todos aplaudiram e se cumprimentaram. Eu não entendi muito bem o que tinha acontecido, por que ele ficou chateado. Minha mãe estava ao lado dele levantando um brinde. Rita abriu os braços para mim e eu a abracei meio sem jeito. Começava mais um ano. Não prometia, mas precisava ser melhor.

QUERIDA CLARA,

então esse é o seu nome? O seu lindo nome? A demora em responder é culpa dessa revolução que aconteceu por aqui. Fiquei preso em casa, com saudades de todo mundo. Com saudades da Janis Joplin, que me pegou de surpresa e me deixou encantado. É assim que me sinto, até agora, tanto tempo depois, tantas coisas depois, tão longe. Encantado.

Estou assim como escrevo: aos poucos, meio cortado. Mas verdadeiro. Corajoso. Arriscando. Talvez porque estou longe; talvez porque estou escrevendo. Se olhasse nos seus olhos eu perderia a coragem. Acho que eu não pensaria em nada se você olhasse nos meus olhos.

Recebi uma pasta com anotações que a Helena fez sobre o rock dos anos 1950 e estou adorando. Ela conta sobre os poetas e escritores beat, sobre as grandes bandas desde os anos 1930, uma porção de coisas muito legais sobre os primeiros roqueiros. Quando eu voltar para o Brasil, vamos fazer uma reunião da Confraria para falar dessas coisas e ouvir toda essa música. Quando eu vou voltar para o Brasil? Quando você vem para a Europa? Quando vamos nos encontrar outra vez? Quando vou poder olhar nos seus olhos? Quando vou poder me perder do mundo?

Seu piloto está pelo mundo, mas trouxe você junto. Um beijo que nunca se acaba.

Leo

CHAMADA

Todo dia é o mesmo esforço do pobre coitado. O inspetor da turma, um senhor que já deve ter passado dos 70 anos, tem de fazer a chamada dos 34 alunos com nomes bastante estranhos, contando apenas com o seu inglês com forte sotaque tcheco. É um processo lento. Ele olha atentamente o nome na lista, com a testa superfranzida, os olhos apertados atrás das lentes pequenas dos óculos de leitura. Depois arregala os olhos, provavelmente planejando como dizer aquele nome esquisito que ele não sabe bem de onde vem. Muitas vezes tem que repetir, porque ninguém entendeu o que ele disse; outras ele tem que ouvir as correções faladas rápido demais ou com uma pronúncia cruelmente provocativa, debaixo dos risos da sala inteira. Quando o aluno responde, ele levanta apenas os olhos, procurando localizar o tal sujeito na sala. Às vezes ele parece achar que alguém está respondendo mais de uma vez, provavelmente para proteger algum colega que matou a aula. Ele olha desconfiado, pensa, olha de lado, volta a olhar a lista, pergunta o nome completo, tenta pegar o suspeito. Ele faz uma careta e, com muito esforço, diz o nome do procurado:

— Álter.

Ninguém responde.

— Álter estar aí?

É mais ou menos isso que ele diz em inglês. Silêncio.

— Não ter ninguém aqui que chamar Álter? Vocês conhecer Álter? Álter faltar hoje?

Ninguém ali conhece muita gente, mas Álter é um total desconhecido. Ele resolve soletrar, e finalmente aparece o distinto Álter. Um rapaz árabe chamado al-Tair. A chamada se arrastava, as adivinhações iam sendo feitas até aparecer outra daquelas mais complicadas.

— Aibenêxi.

É Ibáñez, um espanhol. Lá pelas tantas o senhor abaixa a cabeça, vai abaixando, até quase encostar o nariz na folha de papel. Começa a mexer a cabeça devagar, afasta-se um pouco, volta e para. Olha para a turma. Volta a debruçar a cabeça sobre o papel e bem devagar vai dizendo sílabas desconexas que ninguém entende.

— Rei... Não. Rá... Rádi... Não. Reidirráqui...

E para. Coça a cabeça, olha a turma procurando alguém. Insiste.

— Radirrákrrixina... Ir... Não. Irixiké...

— Aqui!

É um rapaz indiano no seu primeiro dia de aula. O nome dele é Radhakrishna Hrishikesh. A turma se diverte, mas também sente pena do inspetor.

Nossas aulas se tornaram comemorações da vitória da Revolução de Veludo, e cada professor que entra na sala tem de contar sua história, falar de como sua família foi perseguida pelos nazistas e pelos comunistas e afirmar que agora todos querem paz. Outros, também perseguidos, querem que seja criado um tribunal para investigar e julgar as perseguições políticas e os crimes de guerra. As discussões são intermináveis, porque os filhos de diplomatas vêm de diferentes partes do mundo, têm diferente entendimento e querem dar opiniões. Os mais irritantes são os ponderados, os que imitam os pais e, provavelmente, vão seguir a mesma carreira.

Nos intervalos, todos se escondem nos fones de ouvido e ficam batendo os pés e comendo alguma coisa. A escola não vai ser uma alternativa razoável para manter a saúde mental.

ACASO

Não acredito no destino nem no acaso, mas Elvis Presley parecia feito para o sucesso. E com esse sucesso Elvis levou consigo o rock and roll.

Ele também foi um daqueles garotos do Sul nascido no estado do Mississippi e cercado de música gospel, porém teve a sorte de ampliar seu repertório quando a família se mudou para Memphis, no Tennessee, onde ele podia conviver com o jazz e o blues.

Quando tinha 18 anos, Elvis entrou na Memphis Recording Service, que funcionava no mesmo edifício da Sun Records, para gravar por 4 dólares um disco de presente de aniversário para a sua mãe. Naquela época não existiam gravadores portáteis e eram comuns esses serviços de gravação de discos. Na Sun Records, o produtor Sam Phillips ficou imediatamente impressionado com a voz de Elvis, que na época era motorista de caminhão, e logo propôs que ele fizesse alguns testes. As primeiras tentativas foram um fracasso, mas logo Sam chamou o guitarrista Scotty Moore e o baixista Bill Black para lhe dar algum apoio, e ele se sentiu mais à vontade. Em julho de 1954, nos dias 5 e 6, o novo trio gravou um disco com o blues "That's all right" e a canção country "Blue moon of Kentucky", as duas em andamento mais rápido, puxado, o que alguns historiadores consideram um rascunho, um plano inicial do rock. Esse primeiro disco foi lançado naquele mês, no dia 19.

Elvis gravou mais cinco discos daqueles, sem nenhum grande sucesso, e seu contrato com a Sun Records foi vendido para a RCA por 35 mil dólares, um bom dinheiro na época. Então veio o ano mágico, aquele em que o rock nasceu de verdade: 1955. Era a primeira gravação de Elvis feita para a RCA, e todos queriam acertar a mão. O técnico de som Bob Farris construiu uma câmara de eco especialmente para a primeira sessão, porque queria reproduzir a mesma sonoridade da Sun Records. A gravadora achou que "Heartbreak Hotel" ia ser um fracasso. Elvis não permitiu que fosse feita nenhuma mudança na música, demonstrando, desde cedo, que tinha sensibilidade para perceber o que ia estourar. Em pouco mais de um mês, a balada cheia de blues chegava ao primeiro lugar e durante oito semanas tornou-se a música mais tocada nos Estados Unidos.

Elvis Presley era o astro que a indústria do entretenimento tinha pedido a Deus: branco e bonito, alto, excelente dançarino, bom filho — o rei do rock perfeito para um país mergulhado em conflitos raciais cada vez mais violentos. Sua maneira de dançar e o jeito como jogava os quadris eram quase obscenos na época e causaram polêmica, protestos, gritos, suspiros, histeria quando apresentados nos programas de TV para milhões de lares americanos bem-comportados. Mas toda a audiência juvenil estava vidrada nele, na combinação fulminante de rock acelerado com canções românticas de partir os corações. Depois de "Heartbreak Hotel", apenas em 1956 e 1957 Elvis emplacou cinco músicas no primeiro lugar: "Don't be cruel", "Hound dog", "All shook up" e "Jailhouse rock".

Porém, foi outra canção do Elvis que se tornou a minha predileta por causa de uma história com seu avô. Na última vez em que estivemos em Paris, eu lhe dei uma resposta ríspida, agressiva, completamente desnecessária; acho que ele queria ir mais uma vez ao Museu do Louvre e eu estava cansada... não me lembro. O que nunca esquecerei é que ele ape-

nas pediu licença para procurar um banheiro e me deixou descansando num banco nos jardins do Palais Royal. Fiquei ali pensando que devia ter mais paciência, que podia propor um acordo para que ele fosse ver seus quadros no museu sem me arrastar junto, exausta. Quando voltou, cinco minutos depois, ele colocou sobre o meu colo um delicado pacotinho com um bonito laço de fita. Lá dentro, uma linda caixinha transparente de música movida por uma pequena manivela. Ao ouvir a melodia, eu não sabia se pulava no pescoço dele e o cobria com os beijos apaixonados de sua velha namorada ou se chorava até desidratar. Não consegui decidir, e os beijos e as lágrimas vieram juntos. No meu colo a caixinha tocava essa singela e linda declaração de amor, que sempre lembrará a voz de Elvis Presley: "Love me tender, love me sweet, never let me go. You have made my life complete and I love you so" (Me ame com ternura, me ame com doçura, nunca me deixe partir. Você preencheu a minha vida, e eu a amo demais).

Love me tender
Elvis Presley

Mas, em março de 1958, a carreira de Elvis sofreu uma interrupção imprevista, quando ele foi surpreendido pelo alistamento militar no Exército dos Estados Unidos. A notícia repercutiu como uma bomba e as TVs e os jornais mostraram adolescentes desesperadas chorando por todo o país. Em setembro, o Exército o enviou para uma base militar na Alemanha. Para as fãs, pior do que a distância do seu ídolo era a notícia de que ele se apaixonara por Priscilla Beaulieu, enteada de um oficial da Força Aérea americana. O retorno de Elvis, em março de 1960, foi comemorado em grande estilo: Frank Sinatra apresentou um especial de TV para lhe dar as boas-vindas, "Welcome Home, Elvis".

A cada ano ele batia recordes de venda e suas músicas permaneciam por períodos impensáveis nas paradas de sucesso. Em 1964, a "invasão" de bandas inglesas, principal-

mente os Beatles e os Rolling Stones, fez tremer os Estados Unidos. O "coronel" Tom Parker, empresário que detinha a última palavra em tudo que envolvesse o Elvis, acabou concedendo uma reunião em 1964 com os Beatles, na mansão do "Rei do Rock" em Bel Air, bairro de Los Angeles. Quebrado o gelo inicial, eles passaram a noite cantando e tocando.

O ano de 1968 passou meio em branco para os padrões dele, até que um especial de TV em dezembro, "Elvis", deixou claro seu lugar na história do rock como ídolo da cultura popular. Anunciou que não continuaria a estrelar uns filmes ruins que seu empresário arranjava para fazer dinheiro rápido.

Em janeiro de 1969, pela primeira vez em 14 anos, ele voltou ao estúdio em Memphis para gravar novos clássicos. Um deles, "In the ghetto", mostrava suas preocupações sociais e logo entrou nas paradas. Em julho, Elvis voltou para a estrada com apresentações de estrondoso sucesso, principalmente em Las Vegas. Mas as coisas não eram como antes; o mundo mudava rápido e ele parecia não entender, ou não gostar. Alguma coisa estava errada, e o pior é que ninguém sabia compreender por quê. Nem ele.

Em 1973 Priscilla e Elvis se separaram, depois de seis anos tumultuados. Ele continuava a lotar arenas, teatros e cassinos, mas sabia que os astros agora eram outros, que ele não fizera a transição de ídolo para "rock star", que o Rei do Rock não fazia turnês milionárias nem lotava estádios. Ele estava envelhecendo, engordando, abusando de todo tipo de pílulas. Em 26 de junho de 1977 ele cantou ao vivo pela última vez, na Market Square Arena, em Indianápolis.

Na madrugada de 16 de agosto, encontraram Elvis desacordado no banheiro e o levaram para o hospital, onde foi feito de tudo para reanimá-lo. Ele apresentava graves problemas cardíacos e, pouco depois das três da madrugada, morreu.

Quase ninguém alcançou sua fama e sucesso, nem possuiu tantas qualidades, nem representou tanto desperdício. Graceland — a mansão de Elvis em um terreno de quase 16 mil metros quadrados — virou um lugar de peregrinação, e ele, depois de morto, se tornou um ídolo quase religioso. Seu aniversário de morte é muito mais comemorado do que o seu nascimento. Elvis inventou um pedaço do rock, quase por acaso, como se fosse inevitável, como se tudo levasse mesmo a ele, tal qual aconteceu com Chuck Berry, Little Richard, Fats Domino e Jerry Lee Lewis.

Sendo muito mais do que apenas branco e bonito, ele fez o rock atravessar muitas e poderosas barreiras. Elvis mostrou que aquela música tinha amplas e profundas raízes na cultura popular americana e não seria jogada em mais um gueto negro pelos conservadores brancos. Sua provocação sexual mostrou um moralismo cínico que precisava começar a ser rompido, o que logo se tornaria uma revolução. Sua derrota foi não ser compreendido pela indústria de entretenimento que ele alimentou com tantos sucessos. Ela não entendeu o alcance popular da origem e do destino possível para Elvis Presley. O que ela tinha para propor eram filmes tolos e alguns shows em Las Vegas.

Para não ficar aqui com um gostinho de lembranças românticas da sua velha avó, nem para termos saudades tristes de Elvis, acho que você devia ouvir por que ele era feito para o rock. Ouça "Hound dog" e pare quieto se puder.

CAÇA

As fitas não tinham muitas músicas, e por isso ouvi cada uma delas várias vezes. Eu preciso ter logo comigo todos os discos da Helena, coisas dos anos 1950 que ela está me mostrando. Por onde será que anda a minha coleção? O malote voltou a funcionar outra vez. Talvez seja por causa dos feriados do fim de ano; talvez. Talvez meu pai não tenha feito nada. Talvez ele tenha ficado surpreso com a bronca da minha mãe, mas não incomodado. Talvez a bronca tenha feito ele decidir, em segredo, guardar a coleção por tempo indeterminado. Minha única certeza é que não confio mesmo no meu pai. Um dia provamos cervejas juntos; no outro ele me esculacha por causa da coleção; depois estamos os três ouvindo suas histórias e eu entendendo a paixão dele por este país, achando que somos uma família unida, até ele ameaçar um ataque na festa de ano-novo. Já não sei mais o que esperar dele. Para mim, chega de brincar de gangorra.

Desci para jantar na dúvida se devia ou não perguntar pela coleção. Pedir uma simples informação poderia despertar uma tormenta. Václav já se encontrava a postos para servir o jantar, e minha mãe folheava uma revista. Com certeza ela estava incomodada. Sabia que seu marido tinha errado a mão na festa de ano-novo, que eu não merecia aquela resposta e se sentia triste por isso, mas queria evitar confrontos. Sabia que eu sabia de tudo isso, e a revista folheada displicentemente era a prova.

— Como foi hoje na escola?

— Bem, nada de especial.

A revista. Ela passava as folhas devagar, sem olhar com muito interesse para nada. A função da revista era outra. Meu pai chegou apressado, bateu no meu ombro como se fosse um cumprimento. Deu um beijo na testa da minha mãe e se sentou. Václav serviu a sopa e foi providenciar o resto do jantar. Decidi perguntar.

— Pai, o senhor já teve tempo para tentar mandar trazer a nossa coleção?

— Já, sim. Ela está cruzando o Atlântico dentro de um navio. Vai demorar um pouco para chegar, mas é a maneira mais razoável, porque de avião custa muito caro. Talvez em um mês, ou um pouco mais, ela já esteja aqui. Então quer dizer que ela é nossa? Nossa de quem? Sua e da sua mãe?

Pronto. Eu via acontecer. Ele estava armando sua armadilha.

— De nós todos. Da família.

— Achei que sua avó lhe havia dado a coleção. Não a da sua mãe, que também está vindo.

— Que bom. Vamos ter bastante música para ouvir.

— Você está sendo sarcástico, Leopoldo Armando?

— Não, pai. Eu tenho ouvido sempre as mesmas fitas e quero muito ouvir as músicas da década de 1950, os discos da minha avó.

— Viu como me enganei? Achei que a coleção fosse nossa.

— Ela é, pai. Falei assim por causa das anotações que ela fez sobre os primeiros roqueiros.

— Que anotações?

— Ela estava escrevendo uma porção de coisas para me ajudar a montar uma apresentação para os meus amigos sobre o rock dos anos 1950, que nós não chegamos a ouvir.

— Quem lhe deu essas tais anotações?

— O Felipe me mandou com a correspondência.

— E como diabos ele recebeu isso? Não eram da sua avó?

— A Maria levou para ele antes de viajar para Brasília.

— Então finalmente ela foi para Brasília.

— O senhor não sabia?

— Não sou tão bem informado como você, não é?

— O Felipe me contou para eu saber como ele tinha recebido as anotações da minha avó.

— Não importa; afinal, é uma boa notícia. Sinal de que a casa já está vazia.

— Vazia? Que casa está vazia?

— A casa da sua avó. Por acaso, a minha mãe.

Olhei para a minha mãe. Ela havia deixado a revista de

lado e agora brincava com pedacinhos de legumes dentro da sopa. Dali não viria nenhuma ajuda, nada que fizesse o meu pai desarmar sua armadilha, seu cerco, sua ofensiva, tudo que quisesse pôr contra mim. Ela ficou o tempo inteiro calada. E eu não conseguia compreender por quê.

— E daí que ela está vazia? Quando a gente voltar ao Brasil não vai estar mais.

— E daí, Leopoldo Armando, que agora poderemos enfim vendê-la.

— Vendê-la? Onde Maria vai viver? E as coisas da minha avó? O que vão fazer?

— Nada disso é da sua conta.

— Não é da minha conta? Aquela é a minha casa!

— Sua casa? Aquela casa é minha. Eu cresci lá, e com a morte da sua avó ela me pertence.

— Eu também cresci lá. Por que o senhor vai vendê-la?

— Será construído um edifício no terreno, e nós vamos morar na cobertura quando voltarmos para o Brasil.

— Vão derrubar a casa? Mãe, você não estava outro dia mesmo me falando da memória que preservaram aqui em Praga, que protegeu coisas tão bonitas?

— Você não vai querer comparar aquela casa com as construções de Praga.

— Mãe, a casa também é sua. E os laços? E tudo que você estava dizendo?

— O assunto está encerrado. A casa já foi vendida.

— Já foi vendida? Vocês não me disseram nada. Mãe, você não pode deixar.

— Você precisa da ajuda da mamãezinha? Não tem argumentos? Não encara o seu pai?

— Está bem. Eu encaro você. Estou aqui encarando. Mas é você quem não tem argumentos. É você que não é capaz de compreender nada do que eu estou dizendo.

— Já lhe avisei que não sou moleque e que você tem de me tratar por senhor.

— Com qualquer tratamento o senhor continua sem argumentos, senhor embaixador.

— Agora chega. Você suba para o seu quarto e vá...

— Já sei, já sei, vou refletir sobre o que eu disse. Alguém aqui tem de fazer isto, não é, senhor?

— E vai ficar sem jantar.

— E o que mais? Camisa de força? Choques elétricos?

— Você está de castigo por um mês, Leopoldo Armando. Vai de casa para o colégio e do colégio para casa!

— Um mês? Esta é a história da minha vida! Quer dizer que em um mês esta prisão acaba? A Revolução de Veludo vai invadir os seus domínios, senhor embaixador?

Ele veio na minha direção. Minha mãe se levantou, e ele estacou.

— Vá para o seu quarto.

Ele conseguiu.

O MEDO OUTRA VEZ

Meu quarto nunca pareceu tão grande e escuro, tão cheio de cantos entre os móveis, de lugares que eu nunca havia percebido ou ocupado. Resolvi entrar no banheiro da casa antiga, a altura interminável, os ladrilhos, as janelas enormes. Abri as duas torneiras de metal amarelo, grossas e polidas, enchi a pia e mergulhei a cabeça lá dentro, sentindo uma raiva insuportável de mim mesmo, e ali, com a cabeça dentro d'água, dei um grito, os olhos abertos, apertando com toda a força as beiradas da pia de louça branca, enquanto durou o ar que saía depressa da minha boca em bolhas enormes. Sem ar, sufocado, ofegante, estranhando a falta do choro das horas de raiva, sequei o rosto, os cabelos, olhei no espelho e eu era a única coisa que reconhecia. Estava tudo muito claro: eu estava sozinho.

Iron Man
Black Sabbath

Sentei-me na poltrona e abracei os travesseiros me sentindo ridículo, ouvindo Black Sabbath e pensando na Helena. Dessa vez era tudo muito pior. Fui abandonado de novo, mas agora eles estão aqui. Estou nesta casa que não é minha, pensando na minha casa que eles estão destruindo. Minha mãe é uma pessoa fraca; meu pai é um louco furioso. *"Has he lost his mind? Can he see or is he blind? Can he walk at all, or if he moves will he fall?"* (Ele perdeu o juízo? Enxerga ou é cego? Consegue ao menos andar ou quando se mover cairá?)

Toda a conversa sobre a estrada dos tijolos amarelos, voltar para casa, além do arco-íris, as memórias preservadas, criar laços, tudo bobagem. Meu pai sentado na cama contando histórias, mostrando suas paixões; minha mãe acariciando meus cabelos, tudo mentira. A sombra no quintal onde Helena gostava de ficar, os carinhos da Maria com os jardins do meu avô, tudo acabado para sempre.

Mas esses eram os símbolos, os faróis acesos nas noites de tempestade, o mapa do paraíso, as recordações da infância, as saudades. Meu pai estava trocando tudo por dinheiro, por uma cobertura para ver a floresta de antenas, a vida dos vizinhos, toda a droga da cidade, e isso não tinha perdão. Acabou. Botei o Black Sabbath para berrar. Minha fraqueza era o meu privilégio — não ser escutado. *"Lost in happiness I knew no fears. Innocence and love was all I knew. It was an illusion"* (Imerso na felicidade, eu não conhecia o medo. Só conhecia a inocência e o amor. Era ilusão).

Wheels of confusion
Black Sabbath

MADRUGADA

De repente alguém bateu na porta. Pensei em minha mãe, mas é claro que ela não viria até aqui. Tirei o som e fiquei ouvindo; poderia ter me enganado, até imaginado. Bateram de novo, de leve. Fui caminhando devagar até a porta.

— Quem é?

— Por favor, abra a porta.

Era Václav. O que ele queria de mim? Já era bem tarde para a rotina dele, que sempre se recolhia pouco depois do jantar. Abri a porta e não acreditei no que vi: Václav parecia assustado e tinha nas mãos uma bandeja coberta por um pano branco. Abri mais a porta e fiz sinal para que ele entrasse. Ele pôs a bandeja sobre a mesa.

— Podemos ter um segredo?

— Podemos, claro.

— Não quero criar problemas.

Ele trouxe refrigerante e sanduíches, uma enorme fatia de torta de chocolate, uma pera e uma maçã. Tive vontade de dar um grande abraço no meu inesperado protetor, que se arriscava contrabandeando comida para mim; me contive. Estendi minha mão e ele a apertou de leve, encabulado, com aquele seu jeito de entortar a cabeça.

— Obrigado, Václav. Muito obrigado.

— Me perdoe por pedir, mas não pode contar para ninguém.

— Temos um segredo. Não se preocupe. Quer comer comigo?

— Não, obrigado. Coma, você deve estar com fome.

Ele tinha toda a razão. Devorei o primeiro sanduíche, fiquei na dúvida se comia a torta, me decidi pelo segundo sanduíche. Percebi que Václav continuava de pé; indiquei a poltrona para ele se sentar. Ele retirou os travesseiros, colocou-os na cama e sentou-se.

— Estava mesmo com fome, Leo.

— Estava, sim. Você me salvou. Como posso retribuir o seu favor?

— Não tem o que retribuir. Que música estava ouvindo? Você está sempre ouvindo música.

— Você ouve de lá? Eu o incomodo?

— Não, de maneira nenhuma. Eu adoro música e, com as suas janelas fechadas, não ouço quase nada. Reconheço muito pouca coisa.

— Agora eu estava ouvindo rock. Black Sabbath.

— Esse eu não conheço. Acho que ando mal informado sobre rock. Só conheço coisas muito antigas. Sabe, por aqui isso era proibido.

— Eu tenho ouvido os primeiros roqueiros dos anos 1950. Hoje ouvi muito Elvis Presley. Quer dizer, ouvi muitas vezes as poucas músicas que tenho gravadas.

— Se entendi, você tem uma coleção enorme de discos. E ela está a caminho.

— É isso mesmo. Mas não sei se ela vem.

— Mas até que você tem muitas fitas aqui.

— Está interessado? Podemos ouvir juntos.

— Mas é claro! Por favor.

— Alguma preferência?

— Se for possível, prefiro conhecer coisas novas.

Não sabia por onde começar e resolvi colocar as fitas que estavam por baixo na pilha, que eu não ouvira tantas vezes. A que peguei foi a que tinha ouvido na escola, no primeiro dia: Pink Floyd. A primeira música foi "Shine on you crazy diamond". Václav arqueou as sobrancelhas, foi entortando lentamente a cabeça na direção do aparelho. A cada instrumento que entrava ele se surpreendia, arregalava os olhos, sorria. Quando começou o longo solo de guitarra, percebi que ele dobrou os dedos da mão esquerda, que se moviam depois de cada nota, como se estivesse tocando.

— Você sabe tocar guitarra?

Ele balançou a cabeça negativamente, achando graça na

minha pergunta. Fechou a mão dentro da outra, segurando com força. De repente ele olhou para mim e perguntou:

— Blues?

— Acho que sim. Não sei direito.

Ele ouvia com atenção e seu rosto mostrava reações que ele parecia nem perceber.

— Que instrumento é esse?

— Não sei.

— Será um órgão?

— Não sei. Acho que são instrumentos eletrônicos.

— Sei... Não, não sei. São guitarras? Não parecem guitarras.

— Acho que não. São teclados eletrônicos.

— São órgãos eletrônicos? Não parecem órgãos muito bons.

— Acho que são sintetizadores.

— Sintetizadores? O que são sintetizadores?

— São uns teclados em que é possível programar o som.

— Como órgãos.

— É, mais ou menos. Não sou músico, não sei bem como funcionam. Eu vejo que as bandas sempre têm muitos teclados, que fazem uns sons incríveis, imitam vários instrumentos, criam sons novos, mas não sei explicar o funcionamento.

— Não importa.

Ouvimos Pink Floyd, e Václav não se cansava de perguntar de que época era cada música, pedia desculpas por não falar inglês muito bem e me pedia para traduzir um ou outro trecho. Algumas músicas nós ouvimos mais de uma vez, e ele tinha sempre a mesma expressão de interesse e de surpresa.

— Bom, o que eu tenho aqui do Pink Floyd acabou. Podemos ouvir outra coisa.

— Não, Leo, obrigado. Já passa da meia-noite e amanhã nós dois acordamos cedo.

— É uma pena, eu ainda tenho muitas coisas que você poderia gostar de ouvir.

— Não podemos continuar em outra hora?
— Claro. Amanhã?
— Combinado, amanhã.
— Muito obrigado, Václav.
— Depois de toda essa música, sou eu quem está devendo.
Trocamos um aperto de mão meio tímido. Quando ele passou por mim, bati duas vezes no seu ombro, para me despedir. Ele voltou e bateu duas vezes no meu.

NEVE?

Mesmo? Aqui está fazendo um calor que não dá para respirar. Fico feliz que não tenha acontecido nenhuma violência e que a pressão esteja acabando. Tá certo sim, quase acredito que você não quer fazer drama. Mas depois de tudo que aconteceu por aqui, e não foi pouco, você embarca para uma cidade debaixo de neve e de uma revolução para reclamar de tédio? Tédio, Leo? Quebrou a telha? Trincou a laje? Fritou os miolos?

Agora que o tal malote voltou a funcionar, acho que as cartas vêm e vão rapidinho. Já escreveu para a Clara? Ela me perguntou se você mandou notícias. Eu disse que não, mas que sabia que você tinha problemas com o tal do malote.

Fiquei feliz de saber que você está se entendendo com o seu pai e a sua mãe. Agora são vocês três contra a neve, o tédio e a saudade daqui. Ou todo mundo se entende ou o confronto é total, nuclear, o fim dos tempos, a noite de todas as eras, todo mundo fica verde, vai derretendo, como um catarro cheio de bolhas que soltam uma fumacinha preta — urgh...

Tá bom, parei. Estou na maior inveja desse material que a dona Helena escreveu para você. Quando recebi da dona Maria, dei uma folheada rápida e mandei logo. Eu conheço pouco dessa época. Quando puder, me manda uma cópia ou vem aqui contar pra gente como é que é. Eu ouvi as fitas e elas são incríveis.

Novidade? Acho que nenhuma. As brincadeiras dos meus irmãos pararam porque o mais velho de repente ficou quieto, sério, compenetrado. Outro dia flagrei o infeliz no telefone. Ele não me viu, estava nervoso, meio que se escondendo, falando com alguma pobre criatura que teve a infelicidade de conhecer o energúmeno, escalafobético, que tentava fazer poesia para ela.

— Você tem que me acreditar, minha Naninha. Você é... Nem sei... Você é como... Assim, sei lá... Você é como uma manhã... Uma manhã de inverno...

Manhã de inverno? Esse legume vai arranjar o quê com essa conversa? Parece que a desafortunada também não gostou. Ele então teve que se explicar.

— De jeito nenhum, Naninha... É que eu adoro frio... Não, Naninha... É verdade...

Aí eu cheguei bem por trás dele e perguntei:

— Você quer que eu dê um testemunho aí para a Naninha?

Ele deu um pulo e não disse nada. No jantar, o segundo clorofilado, que juram que também é meu irmão, tentou pegar no meu pé, mas ficou sozinho. O outro estava quieto, sem uma risadinha. Não se atreveu mais a botar peruca de papel, se pentear com o lápis, nada. Parou. Minhas irmãs continuam sem me dar sossego; ainda pego uma de jeito e aí vou ter paz. Vai daí que você está quase sozinho na empreitada de me aperrear. Até porque, se bem entendi, está por um nadinha de começar a suspirar por causa de uma moça que você jurou que era a... Como é mesmo aquele primor? Você viu quem na nossa festa?

Para terminar, tenho que explicar para você que quititinha não se explica, não tem tradução. Mas acho que logo você vai descobrir. Abraço, cara. De irmão.

Felipe

TUDO COMO SEMPRE

Todos os dias são iguais. A escola, as pessoas, as aulas, os professores, tudo igual. Meu pai não voltou ao assunto, continua a se sentar para jantar conosco, e é como se nada tivesse acontecido. Minha mãe passa os dias em sua mesa de trabalho e agora retomou o curso de arquitetura. Ela me trata com carinho, mas nunca fez um único comentário sobre a lição de desequilíbrio do meu pai. Hoje completou uma semana e, no final do jantar, enquanto comíamos a sobremesa, ele fez seu anúncio solene.

— Leopoldo Armando, decidi terminar com o seu castigo antecipadamente. Você já pode sair para passear depois das aulas. Sair sozinho à noite não, porque ainda não conhece bem a cidade. Se tiver um convite de um amigo, aceite, se quiser.

E sorriu por três segundos, até ser interrompido por seu silêncio cerebral, por suas emoções tão vertiginosas quanto um velocípede atolado num tanque de areia. Minha mãe olhou para mim e sorriu o seu sorriso de colar de pérola, unhas e batom rosadinhos, "meu marido é um idiota, mas logo envelhece e fica quieto; já o meu filho é revoltado, mas logo cresce e se casa ou vai estudar longe, e eu poderei continuar aqui, rosinha, quietinha, arrumadinha".

Sorri por três segundos. Se não for parecido com ele, ele não reconhece.

CONVITE

Václav veio pela quarta vez ouvir música comigo. Já conversamos um bocado sobre os anos 1950, e ele ficava sempre procurando o blues, o jazz, as músicas de que ele mais gosta, acho eu. A situação do seu país impediu que ele acompanhasse o que acontecia pelo mundo, especialmente nos Estados Unidos.

A outra coisa que o impressionava eram os sons novos, os sintetizadores, as distorções das guitarras. Ele me contou que essas sonoridades se chamam timbres. Cada instrumento tem o seu timbre, sua personalidade sonora. O timbre pode ser modificado pela maneira de tocar, por acessórios como surdinas, pedais para as guitarras e coisas que os músicos inventam sem parar. Ele parecia entender muito de música. Continuava a mexer os dedos até ver que eu percebia e aí prendia as mãos uma dentro da outra.

Václav me mostrou uma coisa que eu não sabia: muitos grupos e cantores gravaram versões de canções tradicionais e músicas de compositores que não eram do rock. Estávamos ouvindo Elvis Presley e, quando tocou "It's now or never", ele quase pulou da cadeira.

— Mas é "O sole mio"! É uma canção italiana com outra letra e outra batida rítmica.

Ele achou que devia ter sido para conquistar um público mais velho e para mostrar que Elvis tinha boa voz. De outra vez, foi ouvindo The Doors: mais um pulo na cadeira.

— "Alabama song", do Kurt Weill! Como ela se chama no disco?

— "Alabama song". Quem era ele?

— Muito bom, grande ideia interpretar essa canção. Weill era um compositor alemão, também parceiro do dramaturgo Bertold Brecht. Eles criaram uma porção de obras-primas, retratando um mundo pobre e marginal, o ambiente dos cabarés, dos pequenos teatros. Ele compôs ópera, concertos, canções muito populares, como "Mack the Knife", "September song", "Lost in the stars". E está sendo lembrado por um grupo de rock! *"Oh, moon of Alabama, we now must say goodbye. We've lost our good old mama and must have*

Alabama song
The Doors

whisky, oh, you know why" (Oh, lua do Alabama, agora temos de dizer adeus. Perdemos a nossa boa mamãe e precisamos de uísque, oh, você sabe por quê).

Ele queria saber do que eu gostava dos grupos agora da minha época, os anos 1980.

— Você conhece o U2?

— Não, mas acho o nome muito engraçado. Você sabe alguma coisa sobre eles?

— O que eu sei é que eles são de Dublim, na Irlanda, e se reuniram por causa de um cartaz que o baterista Larry Mullen colocou na escola procurando outros caras para formar um grupo e tocar músicas dos Beatles e dos Rolling Stones. Apareceram Paul Hewson, para ser cantor e guitarrista, David Evans, para tocar guitarra, teclados e também para cantar, Adam Clayton como baixista e Dick Evans, que logo deixou o grupo. Tempos depois o David colocou no Paul o apelido de Bono Vox, que lhe retribuiu com o apelido de Edge. Primeiro o grupo se chamava Feedback, depois Hype e, afinal, U2.

— E por que você gosta deles?

— Eu gosto do posicionamento deles. Tratam de temas políticos nas músicas, e eu gosto disso. "Pride" é uma homenagem ao Martin Luther King. Quer ouvir?

— Claro!

Pride (In the name of love)
U2

As guitarras começam e logo Václav está lá com aquela sua cara curiosa, os dedos dedilhando o ar, o sorriso de interesse pela interpretação do Bono Vox, a construção quase religiosa da letra triste, a batida cadenciada de um hino. *"Shot rings out in the Memphis sky. Free at last, they took your life. They could not take your pride"* (Tiro zune no céu de Memphis. Livre afinal, tiraram a sua vida. Não conseguiriam tirar a sua dignidade).

— Tem mais?

— Não muito mais aqui comigo. "Sunday, Bloody Sunday" recorda um massacre em Dublim. Eu sempre os achei bastante corajosos, principalmente numa época em que o rock era pouco mais que pop e heavy metal, todo mundo querendo dançar e pular, letras falando só de namoros terminados, cantadas caprichadas ou então monstros e demônios meio medievais. Vão os caras falar de política, de religião, porque a Irlanda é um país muito católico e dividido entre religiões confundidas com política. *"Broken bottles under children's feet. Bodies strewn across a dead-end street. But I won't heed the battle call, it puts my back up... puts my back up against the wall"* (Cacos de garrafa sob pés de crianças. Corpos espalhados num beco sem saída. Mas não escutarei o clamor da batalha, que põe as minhas costas... põe as minhas costas contra o muro).

Sunday, Bloody Sunday
U2

— Essa é mais bonita, Leo. Temos outra para ouvir?

— Vou colocar. É uma canção de amor.

Quando a música começou, Václav ficou quieto. Sua expressão era distante, seus olhos se perderam em algum lugar, seu interesse de sempre se desmanchou, as rugas pareceram se multiplicar em marcas fundas e uma tristeza imensa ficou impressa em seu rosto. Eu não tinha como perguntar nada, como dizer qualquer coisa. Esse homem estranho que agora vinha ouvir música comigo, que eu sempre via trabalhando, carregando coisas, que se arriscara para me trazer alguma comida e com quem eu partilhava um segredo, de uma maneira misteriosa se transformara num velho, os ombros derrubados, um cansaço que dava medo. *"Through the storm we reach the shore. You give it all, but I want more and I'm waiting for you. [...] I can't live with or without you"* (Através da tormenta chegamos à costa. Você dá tudo, mas quero mais e estou à sua espera. Não consigo viver com ou sem você).

With or without you
U2

Quando a música acabou, Václav pôs as mãos nos joelhos e levantou-se devagar, como se fizesse um grande esforço.

— Me desculpe, Leo. Acho que preciso dormir.

— Está tarde mesmo, Václav. Você gostou do U2?

— Gostei muito. De verdade.

Fui até a porta, como sempre fazia. Ele passou direto por mim, mas voltou e me deu dois tapinhas no ombro. Voltou a sair; acho que a cabeça dele estava em outro lugar. Já quase do lado de fora, Václav voltou outra vez, devagar.

— Leo, eu quero agradecer a você por me mostrar todas essas músicas.

— O que é isso, Václav? Não tem o que agradecer.

— Tem sim, mas não só dizendo obrigado. Hoje eu ouvi seu pai dizer que você já pode sair. Bom, quero convidar você para irmos amanhã à noite ouvir a música que eu mais conheço e gosto. Você iria?

— Que música é?

— É uma surpresa. Pode confiar em mim. Amanhã à noite?

— Eu vou precisar falar com meu pai e minha mãe.

— Claro, claro. Pode falar. Eu também falarei, está bem?

— Ótimo. Então fale você, e eu não digo nada.

— Combinado. Até amanhã.

PASSEIO

Eu estava no meu quarto preparando alguns trabalhos para o colégio quando bateram na porta. Era a minha mãe. Tinha o seu sorriso de sempre e pareceu que a tarde em que dançamos ficava em outra dimensão do universo.

— Posso entrar?

— Claro, mãe. Entre.

— Você está bem? Estou atrapalhando?

— De maneira nenhuma. Tenho coisas do colégio para fazer, mas nada importante.

— Václav veio conversar comigo; quer convidar você para ouvir música hoje à noite.

— Eu tenho mostrado para ele algumas coisas de rock. Acho que me convidou para retribuir.

— Você gosta da companhia dele?

— Claro. Ele adora música, entende de jazz, blues, mas não sabe nada de rock. E disse que está gostando muito.

— Acho que sim. Você quer ir com ele hoje?

— Quero. Ele disse a você aonde nós vamos?

— Disse e avisou que é surpresa. Não adianta jogar verde comigo.

— Não faço a menor ideia; deve ser jazz. Acho que em Praga não fazem shows de rock.

— Não vou dizer o que é. Ainda assim, acho que você vai gostar. Quero que leve esse dinheiro e não deixe que ele tenha nenhuma despesa. Como ele convidou, o máximo que você pode aceitar é que ele pague o ingresso. E mais nada. Se depois ele fizer menção de voltar para casa, convide-o para comer e beber alguma coisa e pague você. No máximo aceite dividir a despesa com ele. Lembre-se de que Václav não ganha tão bem.

— Entendi. Não se preocupe.

— Já sabe com que roupa você vai?

Ela me ajudou a escolher uma roupa adequada ao lugar que eu ia, uma que fosse quente para enfrentar o frio, que eu achasse legal e não parecesse escolhida pela mãe.

Na hora combinada eu estava na copa para encontrar Václav. Ele já me esperava, de terno e gravata e com um sanduíche e uma fatia de torta para mim.

— Acho que você deve comer. Talvez demore.

— Demora mesmo. Principalmente se tiver muitos improvisos, não é, Václav?

— É melhor comer, Leo.

— Tem improviso, não tem, Václav?

— Acho que vamos perder a hora.

Descemos a rua da embaixada caminhando. Václav parecia não estar à vontade com a agitação daquela hora de fim da tarde, início da noite. Caminhamos por uma avenida movimentada onde eu nunca tinha estado antes — também, eu não conhecia quase nada da cidade. Os prédios são bonitos e, na maioria, bem conservados para a idade que têm. Pude ver que caminhávamos na direção do rio que corta a cidade, bem defronte de uma das muitas pontes que o atravessam. À nossa esquerda ficavam duas grandes construções, uma bem moderna e outra antiga, linda, de telhado azul com estrelas douradas. Lá em cima, de cada lado da entrada principal, havia duas imensas carruagens de bronze esverdeado puxadas por três cavalos e conduzidas por uma mulher alada. Os dois prédios formavam um imenso conjunto com um espaço interno, onde se organizavam filas e pequenos grupos que conversavam animadamente. Eu não conseguia parar de olhar para as carruagens e Václav achou melhor me dar alguma explicação.

— Elas representam as Deusas da Vitória. Este é o nosso Teatro Nacional, um símbolo da nossa arte e, por isso, uma afirmação da nossa nacionalidade. Ele começou a ser construído em 1868 com dinheiro de contribuições particulares. Gente rica, assalariados, todos acreditavam que Praga precisasse de um grande teatro, mesmo já contando com outros.

Fomos a uma das filas que levavam ao guichê para comprar ingressos. Václav estava sério, compenetrado e tirou dinheiro do bolso. Escolheu algumas notas, e quando fiz menção de pegar o meu dinheiro ele me olhou sério e balançou negativamente a cabeça.

— Quando faltavam alguns dias para a inauguração, o teatro foi devastado por um incêndio que começou no telhado. Seis semanas depois já haviam coletado novas contribuições, sempre de particulares, para reconstruir tudo. Em dois anos ele ficou pronto. Foi inaugurado em 1883 com uma ópera do nosso compositor Bedřich Smetana.

— E esses prédios modernos?

— São as companhias de ópera, balé, teatro, a administração do conjunto, que ainda tem duas outras casas de ópera na cidade. Você vai conhecer.

Na nossa vez, uma senhora simpática entregou a Václav dois ingressos. Quando quis lhe entregar o dinheiro, ela não aceitou que ele pagasse. Václav agradeceu com um pequeno gesto e fomos para a porta de entrada, onde ele entregou os bilhetes, o porteiro destacou-os e devolveu o nosso canhoto. Quando passamos, ele disse apenas uma palavra.

— Professor...

Václav não disse nada, apenas abaixou a cabeça. Estávamos dentro de um enorme e lindo teatro. Não é possível que em Praga se toque jazz em teatros tão grandes e tão cheios. Os mármores coloridos, os quadros pelas paredes, as pinturas no teto, tanta gente espalhada pelos salões e pelos corredores, tudo aquilo formava um mundo inteiramente novo para mim. Aquelas pessoas não pareciam ricas; suas roupas eram elegantes, mas sem luxo. Uma campainha tocou e todos começaram a se movimentar. Subimos uma escada larga e bonita e fomos até uma porta onde outra pessoa cumprimentou Václav.

— Professor...

A palavra era exatamente como em português, apenas acentuada diferente e com o "r" arranhado — "proféssor". Václav respondeu da mesma maneira, só com um pequeno movimento de cabeça, meio de lado. Quando passamos pela porta, aquele era um dos lugares mais bonitos que eu já vira na vida. O enorme palco estava fechado por uma cortina estampada com imagens retratando as origens da arte teatral. O imenso salão tinha uns cinco andares cheios de poltronas e camarotes, tudo forrado de vermelho vivo; as paredes e colunas eram de uma cor clara, com detalhes azuis e decoração dourada. Ao meu lado, Václav olhava em volta com admiração e um pequeno sorriso. De vez em quando, balançava a cabeça cumprimentando alguém, e muitas pessoas sorriam para mim, talvez imaginando que eu fosse seu parente; ele, visivelmente orgulhoso e emocionado.

— O que está achando, Leo?

— É maravilhoso, Václav. Eu nunca estive em um lugar como este. Já fui a teatros, mas nenhum parecido com este. Já posso saber o que vamos ver?

A campainha tocou outra vez. As luzes começaram a baixar lentamente.

— Vamos assistir a uma ópera, Leo. Uma especial: *Don Giovanni*, de Mozart.

ABERTURA

As luzes se apagaram. Em um lugar mais baixo do que o palco ficava a orquestra. Um homem com uma roupa diferente entrou e foi aplaudido. A orquestra levantou-se. Quando ele chegou ao meio do palco, pareceu subir em alguma coisa, porque ficou mais alto. Olhou em todas as direções, agradeceu os aplausos e se virou para a orquestra, que logo se sentou.

Ele estendeu os braços e imediatamente houve um silêncio completo. Seus braços desceram com firmeza e a orquestra inteira inundou o teatro com um som imenso, cheio das sonoridades de não sei quantos instrumentos. De repente, alguns pararam e apenas uma base de sons graves continuou. Depois, silêncio. Outra vez ele moveu o braço e a orquestra voltou a explodir. A música é lenta e um pouco triste; a seguir, como se fosse uma onda que subisse e depois baixasse. Toda a orquestra toca, logo se recolhe, e então os violinos se animam, uma melodia linda e alegre contagia a todos, um entusiasmo, uma energia... mas volta a se calar. Os instrumentos entram separadamente, dialogam, se completam, e tenho a sensação de que a música poderia me levar dali, me conduzir aonde ela escolhesse. São muitas ideias, ritmos, silêncios; melodias que já apareceram voltam em outros instrumentos, tudo varia, nada se contenta, e eu não imagino como vai acabar.

PRIMEIRO ATO

Não vai acabar. A música fica mais lenta, mais lenta, e a cortina começa a subir. O palco é imenso. Sentado na escada de um grande sobrado, um sujeito com roupas antigas, uma capa. A música fica mais animada. Há uma pracinha, e ele começa a andar. Olha para o sobrado, volta a andar; e então começa a cantar. Sua voz é grave e poderosa, alcançando todo o teatro sem nenhum esforço. Ele canta em italiano. Eu entendo um pouco, porque meu avô adorava me ensinar. O sujeito está reclamando. Começo a achar engraçado e passo a mão no rosto para não deixar ninguém ver. Olho pelo canto do olho para Václav; não quero que ele se arrependa de ter me trazido. E ele está rindo! Não chega a ser uma gargalhada; só está rindo. Olho em volta e vejo que várias pessoas riem ou, no mínimo, sorriem.

A música se modifica sem interrupção, com a maior naturalidade. De uma escada vem descendo um casal brigando; a mulher, desesperada, quer arrancar a máscara que cobre o rosto do homem. Ela canta com uma voz aguda e linda; a dele é grave, não tanto quanto a do outro sujeito na praça, que agora se esconde atrás de uma pilastra. Tudo se encaixa perfeitamente: eu consigo ouvir todo o conjunto de instrumentos e cada um dos cantores. A música é linda.

Um senhor mais velho surge armado de uma espada. A moça grita por socorro e os homens se enfrentam em duelo. E eles lutam mesmo, de verdade! As espadas brilham e o ruído de metal contra metal retine enquanto a orquestra toca uma música veloz, que destaca o que se desenrola no palco. Até que o mascarado fere o velho, que cai, tenta se segurar na capa dele e vai escorregando até o chão. Tudo se cala. O velho segura o peito ferido, o mascarado se afasta, o criado atrás da pilastra se levanta e olha. A orquestra acompanha o canto dos três juntos, triste, um lamento. O velho sabe que vai morrer, o algoz lamenta a agonia dele, o criado não acredita no que viu. Devagar, o velho sente sua vida se derramar.

As cenas se sucedem e, aos poucos, a trama vai se clareando. O mascarado é Don Giovanni, o personagem que dá nome à ópera. O outro é o seu fiel e humilhado criado, Leporello. A moça é Dona Anna, e o velho assassinado era seu pai, o Commendatore. A certa altura, outro sujeito socorre a moça e jura solenemente vingar aquela morte; é Don Ottavio, o noivo dela. As cortinas se fecham.

Rapidamente elas voltam a se abrir, e o cenário mudou completamente. Há outra praça cercada de casinhas. Entram o algoz e o criado conversando. Mas é estranho, porque não estão cantando nem falando. De vez em quando, são acompanhados por um único instrumento que não sei qual é, um som metálico e curto. Don Giovanni não demonstra remorso algum pela morte daquele homem. Uma mulher chega à praça acompanhada de um homem que carrega uma bagagem. Don Giovanni sente seu perfume e se esconde com Leporello para observá-la. Ela procura o traidor que a seduziu e abandonou. Quer encontrá-lo para executar sua vingança — matá-lo e arrancar-lhe o coração. Os dois ouvem que a pobrezinha foi abandonada; Don Giovanni quer consolá-la. Mas, ao se aproximarem, os dois se reconhecem e se afastam — ela é Dona Elvira; ele, o sedutor que ela procura para matar. Don Giovanni prometera casar-se com ela e fugiu de Burgos, sua cidade, ferindo os sentimentos da mulher. Dona Elvira tenta apunhalá-lo, mas ele a desarma e pede a Leporello que conte a ela toda a verdade.

O criado não sabe o que dizer, e seu patrão aproveita para fugir. Leporello explica a Elvira que ela não foi a primeira nem será a última e lhe mostra um caderno com uma lista das aventuras amorosas de Don Giovanni em diversos lugares: na Itália foram 640; na Alemanha, 231; 100 na França; 91 na Turquia. Mas na Espanha... Na Espanha foram 1.003. Há camponesas, damas de companhia, donas de casa, princesas, marquesas, condessas, baronesas de todas as idades, todos os tamanhos. Louras, morenas, altas, baixas, gordas, esguias, gentis, meigas, suaves, ricas, pobres, comuns, lindas. As conquistas só interessavam para fazer a lista crescer. Ela fica arrasada, não acredita. O criado sai, deixando-a só e desolada, jurando vingança. Os aplausos são ensurdecedores. Václav me olha sorrindo, os olhos brilhando, as mãos batendo com força. Eu aplaudo e não compreendo bem.

— O que foi? Acabou?

— O que foi? Ele esteve magnífico! Que voz! Que ator!

Aplaudo, mesmo achando estranho, porque a pobrezinha ainda está em cena, com o rosto entre as mãos, sacudindo-se de tanto chorar. Mas que música! Václav parece se lembrar de mim e pergunta:

— Está gostando?

— Estou adorando. Já acabou?

— Não, está começando. Na ópera, quando alguém canta muito bem, o público interrompe a apresentação com aplausos. Deve acontecer outras vezes.

Mal a mulher sai de cena, o palco é invadido por gente dançando, carregando flores, girando fitas acima da cabeça. É uma festa de casamento de outro casal, que vem em uma charrete. Todos cantam e comemoram, até que chega... quem? Claro, Don Giovanni, que os convida a celebrar em seu castelo. Ele manda Leporello afastar o noivo, Masetto, para ele seduzir a noiva, Zerlina. Masetto percebe, tenta reagir, mas não tem como enfrentar um nobre poderoso. Quando ficam sozinhos, Don Giovanni pede a ela que não se case com um bobo daqueles. Ela merece coisa melhor; deveria ser mulher de um cavalheiro, levar uma vida elegante e confortável. Ela diz que já está comprometida com seu noivo. Ele insiste, finge ficar indignado — afinal, ele a quer para esposa! Aponta para o seu castelo, onde espera estar sozinho com ela e ser feliz.

Là ci darem la mano
Cecilia Bartoli, Bryn Terfel

É um crápula! Um cafajeste, salafrário, sem-vergonha, e a mocinha não pode acreditar num farsante como aquele! Cadê o Masetto? Don Giovanni canta uma música que parecia estar no mundo desde sempre, que é tão simples que eu achava saber, a cada nota, o que viria depois, como se pudesse criá-la, como se ela fosse minha. Uma canção de amor. *"Là ci darem la mano. Là mi dirai di sì. Vedi, non è lontano. Partiam, ben mio, da qui"* (Lá daremos as mãos. Lá me dirás sim. Vê, não é longe. Partamos, meu bem, daqui).

Zerlina responde que não sabe se sim, se não. Quer ir, mas tem medo, pensa no noivo. Don Giovanni promete mudar seu destino; ela então pede que partam rápido. Os dois cantam juntos, abraçados, e ele a carrega no colo. De repente estou pensando em Clara, a saudade me dando um aperto. E aí eu percebo o que aconteceu. Todos em volta estão sorrindo como anjinhos, todos com saudades, todos se lembrando de alguém, os casais todos apertando as mãos um do outro com mais força. Mozart! Sua música nos enfeitiçou, e ninguém se lembra de que quem canta é Don Giovanni, o safado, nem que Zerlina está abandonando o noivo no dia do casamento. Música, senhoras e senhores, a música de Mozart, será que não percebem? Quem quebraria o feitiço da canção de amor?

Elvira entra correndo em cena. Quer impedir que o sedutor faça mais uma vítima. Don Giovanni corre para uma e para outra, distribuindo desculpas. Para Elvira, diz que está só se divertindo, que ela é a sua amada. Para Zerlina, jura que a outra é louca, que diz que a ama por caridade, mas Elvira leva embora a camponesa.

Enquanto Don Giovanni lamenta o fracasso dos seus planos, um casal chega à praça pedindo sua ajuda — Anna e seu noivo, Don Ottavio, que não reconhecem o mascarado que a atacou e matou seu pai. Elvira percebe e, vendo o casal recém-chegado, avisa-o dos perigos de confiar em Don Giovanni. Ela o acusa de traidor e sai. Ele se defende, tenta convencê-los de que a pobrezinha delira e ele vigiará Elvira para que não cometa um desatino.

Anna está aterrorizada: reconheceu a voz do homem que a atacou e matou seu pai. Ela lembra ao noivo aquela noite de horror e canta uma canção desesperada, pedindo a ele que a ajude. Quando sai de cena, recebe aplausos delirantes. Don Ottavio fica sozinho no palco e entoa uma suave canção de amor. Ele depende da felicidade de Anna para se sentir feliz e declara seu amor quase sussurrando. É incrível como, de tão longe, no meio de tanta gente, num teatro desse tamanho e com o acompanhamento da orquestra, eu consigo ouvir cada nota e cada sílaba cantada. Don Ottavio caminha para o fundo do palco, a cortina se fecha e o público aplaude com a mesma emoção.

Leporello entra pelo lado do palco reclamando das maldades do patrão. Don Giovanni está satisfeito e canta, planejando a festa que dará. Quer vinho e ordena que lhe tragam todas as jovens da cidade, para que dancem o minueto e a folia, enquanto ele se diverte tentando aumentar sua lista de conquistas amorosas. Eu nunca ouvi nada tão veloz, tão alegre, e ele canta sem deixar escapar uma só sílaba. Quando termina e sai correndo do palco, o público aplaude e grita.

Danado da vida, Masetto entra seguido por Zerlina, que tenta convencê-lo de que nada aconteceu, não há razão para ciúmes. Ele se sente abandonado no dia do seu casamento e, afinal, é um homem pobre mas honesto. Ela jura que Don Giovanni não encostou nem a ponta de um dedo nela. Não adianta. Masetto está com raiva e chega a levantar a mão para Zerlina, que não se altera. Cantando, ela lhe diz que lhe bata, bata muito, que ainda assim ela lhe beijará a mão. Masetto olha para o lado, disfarça, e acha graça. Ela propõe que façam as pazes, que passem juntos todos os dias e noites. Os dois se beijam, enquanto o público aplaude.

Zerlina, porém, ouve a voz de Don Giovanni e se assusta. Masetto desconfia outra vez e se esconde para ver o que o nobre fará. A noiva está apavorada, tem medo do que Don Giovanni seja capaz. Da sacada da sua casa, ele convida a todos para a festa. Enquanto os grupos entram, Don Giovanni desce e cerca Zerlina, que tentava fugir. Ele insiste em conquistá-la; percebe que Masetto está ali e disfarça, convidando-os para comemorar o casamento. Eles entram, enquanto três mascarados, vestidos para a festa, chegam ao jardim. Claro, são Elvira, Anna e Ottavio. Cantam pedindo proteção aos céus, enquanto as cortinas se fecham lentamente. Segundos depois, numa rapidez incrível, elas se abrem; o palco está cheio de gente dançando e cantando no castelo de Don Giovanni, garçons servindo, flores enfeitando o cenário. Como conseguem montar isso tão rápido?

Don Giovanni e Leporello orientam os garçons e animam os convidados. Zerlina e Masetto estão atentos. Os mascarados chegam ao salão e recebem as boas-vindas do anfitrião.

Uma pequena orquestra toca. Todos dançam, menos Masetto, que continua a vigiar. Os mascarados também estão atentos. Don Giovanni arrasta Zerlina para o seu quarto e deixa dois guardas vigiando a porta. Logo depois, ouvem-se gritos de socorro. As mulheres correm, Masetto tenta entrar e precisa derrubar os guardas para salvar sua noiva. Don Giovanni entra com Leporello e o derruba, jogando nele a culpa pelo rapto da pobre noiva indefesa. O criado está no chão, acuado pela espada de Don Giovanni. Mas Don Ottavio, de máscara, aponta para o nobre a sua pistola e ordena que pare. Os três mascarados se revelam e, junto com os noivos, acusam Don Giovanni por seus crimes e traições. Anna joga no anfitrião sua capa vermelha, aquela que usava na noite em que o conquistador matou o pai dela, o Commendatore. Ele e Leporello não sabem o que fazer para escapar. A música é vertiginosa, e o canto se alterna entre Don Giovanni, Leporello, os três antes mascarados e os noivos. O nobre empurra seu criado contra Masetto, joga a capa vermelha em Don Ottavio e escapa pelos fundos. Todos o perseguem enquanto as cortinas se fecham e a orquestra toca os últimos acordes.

Václav aplaude sem parar e eu tento acompanhar. Ele está vermelho, agitado, os olhos brilhando.

— Está gostando?

— Muito, Václav. Nunca vi ou ouvi nada igual! O que vai acontecer agora? Acabou?

— Não, de jeito nenhum. Você acha que podia acabar assim?

— Acho que não, mas não sei.

— Acabou o primeiro ato. Agora vamos tomar alguma coisa, conversar e logo o intervalo termina para começar o segundo ato.

— Quantos atos são?

— Nesta ópera são dois.

Todos se levantaram e logo havia um grande movimento de gente conversando, tomando café, chocolate, refrigerante e champanhe. Václav pediu que eu o esperasse junto a uma coluna e foi enfrentar a fila do bar. Voltou com um café para ele e um chocolate para mim. Eu tinha tantas perguntas para desfazer as minhas dúvidas.

Afinal, eu estava entendendo a trama corretamente. E o lugar onde fica a orquestra se chama fosso. Aquela música só com a orquestra, antes de a cena começar, é a abertura, e quase todas as óperas têm uma. Cada uma das canções é uma ária e aquelas partes nem cantadas nem faladas são os recitativos, acompanhadas por um instrumento de teclado chamado cravo. Também entendi que a ópera é dividida em atos e estes se dividem em cenas; por isso as cortinas se fechavam e abriam para as trocas de cenário. Václav estava emocionado. Ele me respondia olhando ao comprido para as paredes e o teto decorado. Parecia querer matar as saudades.

— Você não vem aqui há muito tempo, Václav?

— Há 21 anos.

— Por quê?

— História, Leo, história. Quem sabe um dia eu lhe conto.

— Ópera é uma coisa muito antiga?

— É sim. Começou a existir no início do século XVII com a tentativa de intelectuais e artistas de Florença de resgatar o teatro da Grécia Antiga. O texto deveria ser mais cantado do que falado. Mas havia tantas regras que ficou muito sem graça.

— É mesmo?

— Aquilo era de uma monotonia insuportável. A grande virada veio com um gênio italiano chamado Claudio Monteverdi, que compôs uma ópera sobre o mito de Orfeu e com ela mudou a história. Ele usou melodias para fazer a ação avançar. Também lançou mão de grandes elencos, cenários e figurinos sofisticados e uma orquestra inteira. Aí o público gostou. A ideia tinha encontrado o espetáculo e, quando isso acontece, o público vai atrás. A ópera se espalhou pelas maiores cidades da Itália e triunfou em Veneza. Lá, em 60 anos, foram apresentados 350 títulos. As casas de ópera viraram um ponto de encontro, e acontecia de tudo durante as apresentações. As pessoas comiam e bebiam, jogavam cartas, faziam apostas, namoravam, falavam mal da vida alheia. Só faziam silêncio nas árias mais bonitas. Por isso é que, ao longo de muito tempo, a ópera foi considerada uma arte puramente musical — para que ter bons textos se ninguém presta atenção?

A campainha tocou avisando que ia começar o segundo ato.

— Você sentiu saudades de vir ao teatro?

— Tentei não pensar nisso. Mas o teatro me fez falta.

— O importante é que você voltou, Václav. Ele também sentiu a sua falta.

— Não, Leo. O que falta em um teatro é cafeína para manter o público acordado...

PALCO

Mal nos acomodamos, as luzes se apagaram. Não suporto mais Don Giovanni e espero que o sujeito seja punido. Ele e Leporello entram e a orquestra começa animadamente. O criado está furioso, quer ir embora, e o seu patrão explica que não ia matá-lo; só fingia, para poder escapar. Leporello acaba ganhando quatro moedas de ouro e a discussão termina. Don Giovanni agora está interessado na empregada de Dona Elvira. Seu plano é usar as roupas de Leporello para invadir o quarto da moça, já que seus trajes de homem rico podem deixá-la desconfiada.

Enquanto eles se escondem, Elvira aparece na sacada e canta, triste, as angústias do seu coração. Apesar de saber como ele é cruel e traidor, reconhece que ainda o ama. Don Giovanni ouve tudo e obriga Leporello a ficar no centro da praça e se passar por ele. Canta para Elvira todas as baboseiras nas quais ela acredita e lhe pede que venha para os seus braços. O criado está apavorado, mas permanece no papel do patrão. Ela pergunta se suas lágrimas o fizeram se arrepender e se ele será dela para sempre. Obviamente, ele diz que sim.

Ah, fala sério! Assim não dá! O sujeito é o maior crápula, Elvira sabe disso, viu a lista, viu que Don Giovanni enganou 1.003 mulheres apenas na Espanha. Ela alertou a todos sobre quem ele era; protegeu Zerlina, avisou Anna e Don Ottavio e agora se derrete inteirinha... E nem se dá conta de que é o Leporello à sua frente! Não dá nem para ter raiva do cara. Ela está pedindo!

Leporello sente-se satisfeito: aproveita a situação para abraçar e beijar Elvira, sempre com cuidado para que não o identifique. Ele a arrasta para fora dali. Enquanto isso, Don Giovanni vai fazer uma serenata para sua nova presa, que chega à sacada, mas um grupo de camponeses armados, liderados por Masetto, procura por ele para matá-lo. Vestido com as roupas de Leporello, Don Giovanni se faz passar pelo criado e propõe juntar-se ao grupo para se vingar do patrão. E sugere um plano: metade deles vai pela direita, a outra, pela esquerda. Todos partem e ele fica sozinho com Masetto, a quem pergunta se uma surra em Don Giovanni não seria suficiente. O camponês diz que não, que quer matá-lo. E como? Com este mosquete, que ele entrega ao farsante; e esta pistola, que também lhe entrega! "Não tem mais nada?" — pergunta Don Giovanni disfarçado. "Acho que não será necessário." Com as duas armas nas mãos, Don Giovanni dá uma surra em Masetto e foge dando gargalhadas.

Zerlina chega à praça e ouve os pedidos de socorro de Masetto, que lhe conta o que aconteceu, achando que foi Leporello quem o espancou. Está machucado, e Zerlina quer fazer as pazes e cuidar dele. O noivo deita a cabeça em seu colo, enquanto ela canta uma linda ária de amor. Diz a Masetto que, se ele for bonzinho, vai curar os seus males com um bálsamo natural que nenhum farmacêutico pode lhe dar. Pergunta se ele quer saber onde ela guarda esse bálsamo, e ele faz aquela cara mais idiota do mundo. Zerlina pega a mão de Masetto, coloca-a sobre o seu seio direito e lhe pede que sinta o seu coração batendo forte. A orquestra toca outra vez a melodia delicada e comovente, enquanto ela o ajuda a se levantar. A cortina se fecha e o público aplaude. Mozart fez sua mágica outra vez.

Será que Zerlina se encantou com Don Giovanni e pensou em abandonar o noivo no dia do casamento? Teve a tentação de ceder a um homem sedutor e rico? Agora ela tem essa delicada melodia, perfeita para se redimir. E nós todos, o público inteiro, adoramos e aplaudimos.

Leporello, ainda disfarçado de Don Giovanni, entra pela lateral do palco cobrindo o rosto com a capa, seguido por Elvira, e vê tochas vindo em sua direção. Ela não entende por que "Don Giovanni" está com medo. Ele quer escapar e, afinal, acha uma brecha na cortina e anuncia ter encontrado a saída.

A cortina é aberta outra vez — mais uma troca de cena, agora eu aprendi. Elvira e "Don Giovanni" se escondem, mas são surpreendidos por Masetto e Zerlina, que imaginam que o criado seja o nobre. Anna, sempre chorando a morte do pai, chega amparada por Don Ottavio. "Giovanni" está cercado por todos. Elvira pede que tenham piedade:

— Ele é o meu marido.

Não acreditam nela e recusam o pedido:

— Ele deve morrer.

Leporello se revela e pede que poupem sua vida. Outra vez acontece: Mozart põe os seis para cantar ao mesmo tempo! A ária cantada por Ottavio é exatamente como ele — solene, otimista e confiante. Os recém-chegados disputam quem será o primeiro a castigar Leporello. O empregado argumenta que o vilão é Don Giovanni e foge quando os outros se distraem. Masetto atira nele, mas erra. Don Ottavio sai, jurando fazer justiça.

Elvira volta sozinha ao palco para cantar suas dúvidas sobre os crimes terríveis do homem que, por desgraça, ela ama. E que música! O público nem espera que a cortina se feche e aplaude. Ao redor, vejo algumas pessoas secando os olhos. Inclusive Václav!

Quando as cortinas se abrem de novo, há um vulto deitado sobre o muro de um cemitério; atrás dele, do lado de fora, passam lanças e outras armas. É Don Giovanni, que se esconde de seus perseguidores. Ele ri, porque acha que é só mais uma das suas aventuras. A noite está linda, clara — perfeita para perseguir as moças. Já é madrugada e o nobre quer saber o que aconteceu a seu empregado e a Elvira. Alguém se joga sobre o muro do outro lado do portão e fica deitado, quieto, enquanto passam as lanças. É Leporello. Don Giovanni conta sua aventura com uma moça bonita que o confundiu com seu criado, que não acha graça; poderia ser sua mulher. O patrão ri dele: "Melhor ainda!" E se dobra de rir. De longe, uma voz grave e soturna canta:

— *Sua risada será silenciada antes do amanhecer.*

Don Giovanni desembainha a sua espada; quer saber de quem é aquela voz. Leporello acha que era uma alma do outro mundo que o conhece. A voz canta novamente.

— *Canalha insolente. Deixe os mortos em paz.*

O criado tem certeza de que são vozes do além e treme de medo, enquanto o patrão se enfurece, buscando o autor da brincadeira. De repente ele vê que ali no cemitério há uma estátua nova, que parece ser do Commendatore. Leporello lê a inscrição: "Aqui eu espero pela vingança dos céus contra um covarde assassino".

Leporello treme de medo. Don Giovanni ri e manda avisar que espera o Commendatore para o jantar. Para o criado, a estátua parece estar viva. Mas, ameaçado pela espada do patrão, ele obedece e faz o convite à estátua de mármore. Aterrorizado, vê a cabeça de mármore balançar concordando. Don Giovanni aponta a sua espada para o peito da estátua:

— Então fale, se consegue. Você vem para o jantar?

E a mesma voz responde:

— *Sim.*

Leporello se ajoelha e implora para irem embora, e Don Giovanni reconhece: aquela é uma aventura estranha. Os dois saem para preparar o banquete enquanto as cortinas se fecham. O patrão se diverte, o criado se benze, o público aplaude.

Quando as cortinas se abrem, Anna está rezando e Don Ottavio chega com três policiais. Ela deverá se curvar diante da vontade de Deus. Tudo está providenciado; no dia seguinte, o casal enfim poderá ser feliz. Mas ela diz que ainda não está pronta; ele a acusa de ser cruel. Anna canta mais uma ária linda e triste, mas cheia de esperança; como o noivo, ela também aguarda o momento de estarem juntos. Mas Ottavio precisa compreender toda a dor dela e quanto lhe custa vencê-la. Outra vez, o efeito não vem do que ela diz, mas da música, com a qual ela manifesta o que sente. Sua voz sobe lá no alto. Anna se recolhe e torna a se mostrar. Ela é assim, dividida em amor, esperança, tristeza. E é cantando, é com sua voz, que ela o demostra. Aplausos, muitos aplausos, e a cortina volta a se fechar.

JUSTIÇA

A orquestra começa a tocar com as cortinas ainda fechadas. Quando se abrem, revelam o luxuoso interior do castelo de Don Giovanni, onde Leporello comanda os empregados que preparam o banquete. Em um mezanino acomoda-se uma pequena orquestra. O patrão entra animado, falante — já que gastou tanto dinheiro, é melhor que se divirtam. Recusa a sopa, mas ataca com grande entusiasmo o prato que Leporello lhe oferece. Don Giovanni exige que lhe sirvam vinho, e o empregado, faminto, rouba um pedaço de faisão. O patrão finge que não viu. Ainda assim o obriga a falar com ele e até a assobiar, precisando disfarçar que está com a boca cheia. Apesar do drama, há muita comédia.

De repente, Elvira entra na sala suplicando ao nobre que ele ouça, pela última vez, suas palavras de amor. Pede que ele mude seu modo de vida, e Don Giovanni ri; brinda ao vinho e às mulheres, que são a "glória da humanidade". Elvira diz que ele deveria ser piedoso, que tem coração de pedra, e Leporello declara que o patrão não tem coração nenhum. Ela foge, mas, ao chegar à porta, grita horrorizada e volta para dentro da casa. Don Giovanni ordena a Leporello que veja o que aconteceu. Este, ao perceber o que está do outro lado da praça, volta aterrorizado. Não consegue responder ao patrão, gagueja, e eu só consegui entender que ele disse "o homem de pedra branca" e o vi bater com as mãos no chão, imitando passos pesados. Para provar que aquilo não passa de loucura, Don Giovanni pega um candelabro e vai abrir a porta. A orquestra toca com muita força todos os instrumentos: sob raios e trovões, a parede inteira se abre, de cima a baixo — e lá está, branca e imensa, a estátua do Commendatore. Acima dela, o céu escuro da noite, os astros muito próximos, como se o mundo tivesse acabado. Don Giovanni joga longe o candelabro. Leporello se esconde debaixo da mesa. A estátua fantasmagórica começa a cantar!

— Don Giovanni, convidaste-me a jantar. Aqui estou!

A reação de Don Giovanni é até tranquila diante de tamanho absurdo:

— Eu jamais acreditaria, mas farei o melhor que puder.

E ordena:

— Leporello, manda servir imediatamente outro jantar!

O empregado está apavorado.

— Ah, patrão! Estamos mortos!

O Commendatore, ou a sua estátua, ou o seu fantasma, dispensa o jantar:

— Quem se alimenta da comida dos céus não precisa do pasto dos mortais. Assuntos mais sérios me fizeram vir aqui.

É um diálogo entre o mundo dos vivos e o mundo dos mortos. A vítima voltou para buscar seu assassino. O pai de Anna vingará a própria morte. Como Don Giovanni escapará? Que esperteza, truque ou maldade enganará o homem que ele assassinou, que parece imenso e invencível, feito de pedra e de morte? Fugir? Não de onde ele está; deste lugar nenhum feito de fumaça, de nada, não se foge.

Os três começam a cantar juntos. Don Giovanni quer saber, afinal, o que o Commendatore procura, o que quer. Leporello apenas se lamenta, quase em gemido, e não para de tremer. O Commendatore manda-o escutar, porque não tem muito tempo.

— *Virás jantar comigo?*

Leporello treme ainda mais e implora que seu patrão seja perdoado. O Commendatore quer levar Don Giovanni para a morte! Que golpe vai tentar agora o mestre da trapaça? Don Giovanni responde que jamais poderá ser chamado de medroso.

Que resposta é essa? Enlouqueceu? Não entende que assim vai morrer? Está decidido, apesar de Leporello lhe suplicar que diga não. Ele responde que não tem medo.

— Irei!

O Commendatore quer então que Don Giovanni lhe dê a mão. Don Giovanni se aproxima sem medo, mas então a enorme mão de pedra o agarra e ele se ajoelha, gritando de dor. Quer entender o frio que sente, mas recebe uma ordem:

— *Arrepende-te, muda de vida! É a tua última chance!*

Pronto! A chance que ele queria! Historinha mais besta... Essa volta toda para o próprio Commendatore-fantasma-de-pedra-todo-poderoso mandar um safado desse se arrepender e se livrar de morrer. Don Giovanni puxa a mão com toda a força, mas a estátua nem se abala; ele está preso. A música é cada vez mais bonita, e não sei por que tinham de estragar tudo agora.

— Não, não, não me arrependo. Deixa-me em paz!

— *Arrepende-te, desgraçado!*

— Não, velho maluco!

— *Arrepende-te!*

— Não!

Don Giovanni tenta se erguer, e a mão de pedra o faz se dobrar de dor.

— *Ah! Teu tempo esgotou-se.*

— Que tremor insólito sinto assaltar-me o espírito! Onde nascem estas chamas de horror?

Ele se recusou... Ninguém esperaria isso de Don Giovanni. Não se arrependeu! A estátua do Commendatore o arrasta para o Inferno, e ele é recebido por um coro de demônios.

— *Nenhum horror é pouco para ti! Anda, há muito pior à tua espera!*

Don Giovanni ainda canta.

— Quem dilacera a minha alma? Quem retorce as minhas vísceras? Que tormento, ai, que agonia! Que suplício, que terror!

Leporello canta com ele, vendo horrorizado a cena impossível. Don Giovanni desaparece nas chamas do Inferno, dominado pela mão branca de pedra do Commendatore. A orquestra para de tocar enquanto tudo escurece. Agora vai acabar.

Não. Pelo lado esquerdo do palco, na penumbra, vejo que entram algumas figuras. São suas vítimas, todas juntas.

— Onde está o malfeitor? — Anna, sempre nervosa, quer vê-lo acorrentado para ter sossego.

— Não esperem vê-lo outra vez. Está tão longe que não adianta procurá-lo — diz Leporello.

Todos querem que ele explique melhor. O pobre homem tenta falar da estátua, do homem de mármore, imenso, da fumaça, dos astros, do nada, mas ninguém acredita, é absurdo demais. Zerlina lembra-se de ter visto um vulto. E então os personagens começam a duvidar de suas dúvidas — talvez tenha acontecido. Don Ottavio apressa-se a pedir que Anna se case com ele, agora que já foram vingados. Ela lhe pede um ano de prazo para seu coração se recuperar de tanta tristeza, e ele concorda. Elvira avisa que vai entrar para um convento, onde passará o resto da vida. Masetto e Zerlina querem voltar para casa e terminar o jantar. Leporello vai à taberna à procura de um patrão melhor. Contentes, todos cantam, com uma das músicas mais bonitas da noite, a velha moral: "Este é o fim de quem faz o mal. No final, os maus recebem o que merecem". O público delira enquanto as cortinas se fecham e a orquestra para de tocar.

Moral da história? Mas que conversa é essa? Quando eu acho que tudo vai desandar numa bobagem, acontece a coisa mais inesperada e fantástica. Depois, quando estou achando tudo genial, entra esse bando de coitadinhos cantando um final feliz e bobo?

A cortina volta a se abrir e os cantores estão no palco sendo aplaudidos. A cortina se fecha novamente. Depois, os cantores retornam um a um ao palco para receber aplausos e flores. Uns são bem mais aplaudidos do que outros. Saem e, depois, voltam ao palco trazendo o maestro descabelado e dois homens que não sei quem são. Todos são aplaudidos. O maestro faz gestos na direção da orquestra, que se levanta e recebe muitos aplausos. Músicos e cantores saem. As luzes são acesas. Agora os espectadores parecem satisfeitos e começam a ir embora.

Václav aplaude, e seus olhos brilham de emoção e felicidade. Olha para mim como se lembrasse que eu estou ali.

— E então, Leo. Gostou?

— Adorei, Václav. Mas tem várias coisas que eu não entendi.

— Que bom! Temos muito para conversar.

SLAVIA

Na saída vi que várias pessoas sorriam para Václav, acenavam e o cumprimentavam com movimentos de cabeça, tudo muito discreto. Ele retribuía encabulado, algumas vezes tentando fingir que não via. Pelo menos duas vezes ele não retribuiu o cumprimento, a expressão fechada. A multidão se arrastava para a noite fria fora do teatro.

— Vamos tomar um chocolate, Leo?

— Só se eu convidar.

— Por que não avisou antes? Eu teria sugerido um conhaque.

— Um chocolate para mim, um conhaque para você. E eu convido!

A rua estava movimentada; os bondes trafegavam lotados. Atravessamos apressados pelo vento frio. Do outro lado havia vidraças enormes, por onde se viam mesas cheias de gente animada e falante. Entramos por uma grande porta lateral. Lá dentro, vários cheiros disputavam a minha atenção: cachimbo, café, bebida, manteiga derretida, chocolate, charuto, perfume, açúcar queimado. Eu ficaria feliz apenas por estar ali vendo aquelas pessoas rindo, conversando, comendo e bebendo, as luzes, a correria dos garçons. Aquilo, definitivamente, era vivo.

— Este é o Café Slavia. Seja bem-vindo, meu amigo Leo.

— É sempre movimentado assim?

— Sempre foi. Não venho aqui há anos; muita coisa deve ter mudado.

— Por que você ficou tanto tempo sem ir à ópera, sem vir ao café?

— Melhor ficar em casa ouvindo meus discos.

— Você tem muitos discos, Václav?

— Tenho, sim. Depois eu convido você para ouvir alguns.

— Quando você quiser.

A recepcionista simpática aproximou-se para conduzir os próximos clientes a uma mesa, mas, quando viu Václav, olhou em volta e dirigiu-se a ele, oferecendo-lhe a vez.

— Professor...

Ele respondeu em tcheco e balançou a cabeça negativamente. As pessoas em volta sorriram e nós continuamos na fila.

— O que aconteceu?

— Quiseram nos passar na frente da fila. Eu agradeci e recusei.

— A moça chamou você de professor.

— Parece que é uma mania nacional.

Ficamos conversando sobre o Slavia, um lugar cheio de histórias. Ele mostrou a "mesa de Kolář", onde sempre se sentavam o artista Jiří Kolář e o grupo que se reunia lá quase diariamente para discutir arte, literatura, política e variava sempre que alguém ia preso. O próprio Václav Havel sempre estava por lá. Quando chegou a nossa vez, fomos para uma mesa ótima, junto de uma janela de vidro, por onde víamos a neve cair.

— Você gostou da ópera?

— Muito. Ainda não sei dizer o que estou sentindo, mas adorei. Tanta música, uma história incrível. As vozes dos cantores são de um jeito que eu nem sabia que existia, meio estranhas, com tanta potência, e ao mesmo tempo tão suaves. E também os cenários, as roupas, a iluminação...

— Calma, Leo! Tome o seu chocolate e vamos conversar sem pressa. Tem muita neve lá fora, e nós estamos no Slavia, que não tem hora para fechar.

Václav me explicava alguns detalhes que eu não tinha percebido, me mostrava um mundo que eu desconhecia. Falava com um entusiasmo contagiante.

— Pois é, a entrada do maestro é cercada de rituais. Não sei desde quando a orquestra se levanta para receber o maestro. Existem músicos que acham isso um absurdo, um sinal de subserviência, mas uma vez ouvi um maestro contar que não é para ele que os músicos se levantam, e sim para dizer ao público e a eles mesmos que a partir daquele momento não somos mais vários músicos — somos uma orquestra. Dali em diante, cada gesto do maestro tem um significado e não se pode desperdiçar nenhum, por mais breve que seja. Seus gestos indicam à orquestra o andamento da música, ou seja, a velocidade em que ela será tocada, e o andamento muda muitas vezes. Ele também indica a entrada e a intensidade dos instrumentos e dos cantores, de modo que seus gestos mostram a maneira de tocar, como os grupos ou sequências de notas devem ser executados.

— Não entendi, Václav.

— É muito simples. Vamos fazer aqui uma brincadeira. A mesa é o nosso instrumento e nós vamos tocá-la com a mão e os dedos. Bata nela com a mão, com força. Isso. Agora com menos força; agora com mais força ainda do que da primeira vez. Agora bem de leve. Agora várias batidas seguidas, da mais leve até a mais forte. Agora o contrário.

— Estão achando que nós somos malucos, Václav.

— Leo, num café onde se reuniam uns sujeitos que acreditavam que com arte e ideias derrubariam o comunismo, ninguém vai achar você maluco por batucar na mesa. Isso que você está fazendo é o que os músicos chamam de dinâmica. A batida forte é a que eles chamam de *forte*; a mais forte ainda, *fortissimo*; a mais ou menos forte, *mezzo forte*, que significa "meio forte". Em música, quase sempre se usa o italiano. Para quem fala português, é muito fácil de compreender. Aquela batida fraca é chamada de *piano*; a mais fraquinha ainda, de *pianissimo*, e a meio fraca é *mezzo piano*. Quando você bateu *pianissimo*, bem fraquinho, e foi aumentado até o *fortissimo*, você fez o que se chama *crescendo*. Quando fez o contrário, foi um *decrescendo*. Tudo bem simples, quase óbvio. E é claro que você pode crescer ou decrescer partindo de qualquer ponto; não precisa ser só entre os extremos.

— Não é difícil.

— Música é uma coisa bem organizada e por isso é bastante fácil.

— Sei...

— É verdade! A estrutura, a maneira como se organiza a música, foi tudo muito bem pensado por muita gente, durante séculos. Mais um chocolate?

Václav levantou a mão para o garçom mais próximo e apontou para a sua taça e para a minha xícara, vazias, o que foi suficiente.

— Agora abra os dedos, apoiando apenas a ponta deles sobre a mesa. Abra a mão, finja que ela é uma aranha pousada na mesa e que cada um dos seus dedos é uma pata da aranha. Agora faça ela pular sobre a mesa, todos os dedos juntos, movendo apenas o pulso. Isso é o que os músicos chamam de *staccato*, que em italiano significa "destacado", quando você toca uma nota ou várias separando, destacando umas das outras. Agora levante e abaixe um dedo de cada vez, sem levantar os outros. Se a sua mão, por exemplo, estivesse sobre o teclado de um piano, você estaria tocando as notas ligadas uma à outra, fazendo cada uma soar muito próxima da outra, como se você quisesse ouvir as notas bem juntas, uma começando antes que a anterior parasse de soar completamente. Em italiano isso se chama *legato*, ou seja, "ligado". É claro que você também pode tocar algumas ligadas, outras destacadas, crescendo, decrescendo.

— Não é difícil mesmo.

— Claro que não. E o maestro indica todas essas coisas para os músicos na orquestra.

— Tudo isso?

— Tudo isso e muito mais. Dependendo dos gestos que ele faz, a orquestra inteira ou um grupo de músicos ou até um músico apenas tocará desta ou daquela maneira. E também não é tão difícil. Encoste a ponta dos dedos das duas mãos no centro do peito. Agora abra os dois braços juntos.

Fiz como ele orientou.

— Se você fizer isso na frente da orquestra, ela tocará um crescendo; se você fizer o contrário, ela tocará um decrescendo. É claro que, já que o maestro precisa indicar várias coisas distintas, ele simplifica esses gestos. Para combinar com os músicos o que cada gesto significa, como ele quer que cada parte seja tocada pelos músicos individualmente e pelo conjunto, existem os ensaios, quando eles tocam sozinhos, sem o público, horas e horas por dia.

— E o maestro indica as notas que eles vão tocar?

— Não. As notas estão todas escritas naqueles papéis diante dos músicos. Esses papéis são chamados "partes", ou seja, os pedaços da obra que cada um tem que tocar.

— E eles não sabem o que os outros músicos vão tocar?

— Só se eles já conhecem a obra. Mas cada um tem diante de si apenas o que vai tocar, só a sua parte. Quem tem todas as partes reunidas é o maestro, num grande livro chamado partitura.

— E lá tem tudo escrito, de todos os instrumentos?

— Isso mesmo. É claro que existem vários instrumentos que tocam notas iguais, então são organizados em grupos. Essa divisão existe para que os compositores possam escrever coisas diferentes para cada grupo. Por exemplo, os violinos, que formam a maioria de uma grande orquestra, dividem-se em dois grandes grupos: os primeiros violinos e os segundos violinos. Então, os violinos de cada grupo tocam, em geral, as mesmas notas. E o maestro tem lá na partitura as notas dos grupos, não de cada instrumento.

— Mas mesmo assim ele tem muitas notas para ler.

— Tem sim. Ele precisa estudar a obra em profundidade, compreender a razão de cada nota, por que deve ser tocada daquela maneira e por qual instrumento ou grupo de instrumentos.

— Como assim, a razão?

— Leo, em música tudo é muito estruturado, cada coisa no seu lugar e ao seu tempo. A obra inteira está construída dentro de um plano, como se fosse uma grande trama.

— Como num filme.

— Bom, quando eu falei em trama estava pensando mais em um grande tecido constituído por pedaços bem pequenos. Quando você olha, vê o todo; mas os fios estão lá, todos eles. Não gosto muito de comparar a música com outras coisas, nem com tecidos nem com filmes. Porém, se é para compreender melhor, vamos lá. Num filme você tem uma longa história para contar, e ela é construída por vários personagens, em várias situações. Numa orquestra, é como se cada instrumento ou grupo de instrumentos fosse um ator. Cada um deles tem o seu texto para dizer, escrito ali na frente. O texto tem frases, palavras, sílabas. Eles, como os atores, dizem seus textos, defendem seus argumentos, dialogam, gritam, sussurram, sozinhos ou em grupos. Quem escreveu o texto foi o compositor; quem indica como esse texto deve ser dito, interpretado, é o maestro, do mesmo modo que o diretor do filme faz com os atores. Uma frase, até mesmo uma única palavra, pode ser dita de tantas maneiras que todo o sentido da história se altera. Na música ocorre o mesmo.

— E tudo o maestro indica com os seus gestos.

— E com o olhar, com a expressão, a atitude física. No maestro, tudo deve ser expressivo.

— Você estudou música, Václav?

— Estudei, sim. E sempre adorei.

— Estudou o quê?

— Violino.

— E você não toca mais?

— Deixei de tocar há muitos anos. Acho que desaprendi.

— Que pena. Se eu soubesse tocar um instrumento, não largava nunca mais.

— Acho que você está certo, Leo. Quem sabe um dia eu ainda volto a tocar um pouquinho?

Václav olhou para o seu conhaque e eu achei que ele tivesse se perdido em algum lugar dos pensamentos. Alguma coisa nele estava diferente. O mordomo, jardineiro, copeiro, o homem simples me ensinava com paciência e carinho, em poucas horas, tantas coisas que eu não sabia. Enquanto ele encarava o conhaque, fiquei imaginando uma apresentação dele para a turma da Confraria. Quem sabe um dia? Até lá eu precisava aproveitar o privilégio de estar ali tomando o meu chocolate com ele, que já era mais do que o discreto Václav de todo dia. Levantei para ele a minha xícara; ele entendeu e levantou o conhaque para brindar comigo.

— À música.

Ele tinha outra ideia para agradecer e comemorar.

— À amizade.

CALÇADAS

Havia mais neve quando saímos, mas fazia menos frio. Václav caminhou até um canto da calçada, apanhou um bocado de neve bem branca, fez uma bola e a atirou para cima. Abriu os braços e ficou olhando a bola subir, descer e se espatifar no seu rosto. Sua cara acabou coberta de neve, que ele esfregou com força, dando gargalhada.

— Velho idiota. Você acha que ainda tem 20 anos?

— Para que isso, Václav?

— Era uma brincadeira da juventude. Quando bebíamos além da conta, fazíamos isso de jogar uma bola de neve na cara para despertar.

— Você não bebeu demais; apenas dois conhaques.

— Para mim é bastante. Não bebo quase nada.

— Não gostei desse negócio de dividirmos a conta. Eu convidei você.

— Obrigado, Leo. Acontece que eu gostaria que pudéssemos sair para ouvir música mais vezes. Se só um ficar pagando a conta, não vai dar certo.

— Está combinado, então. Vamos dividir todas as despesas.

— Certo. Vamos voltar caminhando?

— Grande ideia!

Andamos até a esquina, viramos à direita e avistamos o Rio Moldava, as pontes, e do outro lado, lá em cima, o Castelo de Praga todo iluminado.

— Estou começando a gostar da sua cidade, Václav.

— Você precisa conhecê-la melhor. Sei que vai adorar, e ela acabará sendo um pouco sua.

— Você já foi ao Brasil?

— Nunca, mas ainda irei. Agora vai ficar mais fácil.

— Você também vai adorar o Rio de Janeiro.

— Não tenho a menor dúvida. Quero conhecer os lugares que o Machado de Assis menciona nos livros: Engenho Novo, Botafogo, Catumbi, Cosme Velho... Quero visitar aqueles lugares frequentados pelo Villa-Lobos e pelo Pixinguinha, a Lapa, a Cinelândia, o Centro, a Vila Isabel do Noel Rosa, os subúrbios e os morros das escolas de samba, Copacabana e Ipanema do Tom Jobim.

— Caramba, Václav, acho que você sabe mais do Rio de Janeiro do que eu...

— Eu aproveitei todos estes anos na embaixada. Uma coisa que sempre me deixou de queixo caído é essa diversidade musical que vocês têm. Veja você que cada música, cada compositor que eu citei vêm de um lugar diferente. É como se cada bairro do Rio de Janeiro tivesse inventado uma música nova. É como uma geografia musical do Rio, e eu nunca ouvi falar de nenhum outro lugar do mundo que tivesse isso.

— Nós vamos passear juntos pelo Rio como passeamos hoje em Praga. Mas não vai ter neve, só um calor que a gente diz que é "de rachar". Posso perguntar mais sobre *Don Giovanni*?

— Claro que pode.

— Eu achei que tem drama e comédia. Toda ópera é assim?

— Não, nem todas, e isso variou muito ao longo do tempo. Na época do Mozart, essa combinação de tragédia e comédia era quase um crime. A ópera sempre incorporou diversas tradições teatrais: os clássicos gregos, o teatro religioso da Idade Média, os gostos populares, os mambembes e os saltimbancos, a *Commedia dell'Arte* italiana, formada por grupos que viajavam em carroções e se apresentavam em praças públicas. Nessas tradições havia drama e comédia, e ambos faziam parte das óperas. O contraste era até muito apreciado. *Intermezzo*, por exemplo, era um tipo de cena cômica que aparecia entre os atos das óperas sérias. Mas a comédia foi fazendo cada vez mais sucesso e acabou independente. Surgiram alguns autores, como Apostolo Zeno e

Pietro Metastasio, na virada do século XVII para o XVIII, que contribuíram com propostas novas para os libretos.

— O que é isso?

— Os libretos contêm a história, o texto das óperas. Como eu ia dizendo, eles queriam temas mais sérios e uma valorização maior dos cantores. Começaram a seguir regras que dividiam as emoções em afetos específicos, por exemplo, a tristeza e a alegria, o ódio e o amor, e a cada um deveria corresponder um tipo de música. Isso passou a ser chamado de "doutrina dos afetos" e dominou a ópera durante muito tempo. Mas acabou fazendo tudo parecer igual.

— E essa de hoje, como deveria ser classificada?

— Essa, Leo, deveria ser classificada de puro Mozart, do melhor. Está cheia de invenções, de inovações, da capacidade genial que ele tinha de criar ação no palco como quase mais ninguém. Mozart faz a ação, o conflito, a comédia, as personalidades, tudo acontecer através da música. Cada coisa precisa do meio certo para ser narrada e percebida. Algumas só são transmitidas pela poesia; outras, pela prosa, pelo texto corrido, mas outras ainda, só por música. A ópera não é um teatro com algumas músicas para ficar mais cativante — isso existe, mas não interessa a Mozart. Ele quer a arte que é criada pela capacidade da música de realizar o que não se pode mostrar nem compreender apenas por imagens e palavras, experiências humanas das quais só a música é capaz de falar. Por isso, quando se está diante de *Don Giovanni*, como hoje, o que se vê e ouve não é mais apenas a história que as palavras e as imagens contam, nem apenas uma coleção de músicas maravilhosas: com ela se tem uma experiência muito mais intensa, mais ainda que a soma de todas as partes. Aquilo é ópera.

— Como ele faz isso?

— As maneiras são muitas, Leo. A principal é criar uma identidade musical para cada personagem. Anna é sempre trágica, triste; Leporello pode ser engraçado e medroso; Zerlina é superficial e assustada, e assim por diante. Não é apenas uma melodia para cada personagem, um tema para cada um, como é comum nos filmes. Mesmo diferentes, as músicas expressam a personalidade dos personagens. Menos um, o próprio Don Giovanni. Se você prestar atenção, vai ver que ele não tem uma personalidade definida: ele se molda às situações, a cada personagem. E é assim porque precisa mudar para conquistar as mulheres, fingindo amores por elas e mentindo para fugir das encrencas.

— Eu não tinha reparado.

— Don Giovanni faz mais do que isso. Lembra quando ele tenta convencer Zerlina a acompanhá-lo?

— Claro, é uma das partes mais bonitas.

— Pois repare que ela foi composta para destacar a ação, o que está acontecendo. A cena começa com o tema em que Don Giovanni propõe a Zerlina que vá com ele, que se deem as mãos e ela diga que sim, e informa que o lugar do encontro não fica muito longe. Ela repete a mesma melodia para dizer que não sabe se deve, embora queira. Esse primeiro tema é delicado, simples, fácil de lembrar quando você estiver fora do teatro, indo para casa, feliz com o que acabou de ver. Melodias assim, fáceis de decorar, eram obrigatórias para uma ópera fazer sucesso. Depois Don Giovanni canta uma melodia vigorosa, encorajadora, acompanhada por toda a orquestra, apenas para dizer "venha, querida". Ela repete, indecisa, acompanhada pelos instrumentos de cordas.

— Instrumentos de cordas?

— Sim, são aqueles instrumentos que produzem som pelo atrito de um arco em cordas bem retesadas. Por isso também são conhecidos como instrumentos de arco. São os violinos, os menores, que fazem os sons mais agudos; as violas, um pouco maiores e mais graves; os violoncelos, graves, um timbre muito parecido com o da voz humana, e finalmente os contrabaixos, aqueles enormes lá atrás da orquestra, também bastante utilizados no jazz. Bem, Don Giovanni repete o mesmo trecho de música, com o mesmo entusiasmo, para afirmar que vai mudar o destino da Zerlina, que volta à sua melodia para confessar que não é tão forte, e logo ele conclui repetindo o convite. Enquanto o nobre repete suas melodias animadoras e entusiasmadas, ela continua a repetir suas respostas medrosas. E musicalmente é exatamente assim que acontece: ele propõe, ela responde; ele anima, ela desencoraja. Mas ele a convence e ela cede, pois essa é a história que vai sendo contada. Mozart então compõe para eles um lindo dueto do encontro, da concordância, constituído de duas melodias que, juntas, se completam perfeitamente.

— Ele fez tudo sozinho?

— O libreto foi escrito pelo grande Lorenzo Da Ponte, o parceiro de Mozart na ópera.

— Da Ponte? Esse é o nome da nossa confraria!

— Qual confraria?

— O grupo que meus amigos e eu criamos para ouvir música e conversar sobre música. Que coincidência! Mas eu acho que Mozart e esse Da Ponte cometeram uns erros, Václav. Não gostei de umas coisas na ópera.

— Quais?

— Eu estava achando tudo ótimo. Até fiquei surpreso com aquela cena em que Don Giovanni é levado para o Inferno pela estátua do Commendatore sem se render. Como ele era um tremendo patife, achei que fosse fingir que se arrependia só para escapar. Adorei a surpresa de ele dizer não a qualquer preço, mesmo sabendo que ia morrer. O que eu não gostei foi daquela moral da história, os bonzinhos voltando à sua rotina como se nada tivesse acontecido, como se fosse muito natural o sujeito ser levado para o Inferno por uma estátua.

— Existem outras maneiras de entender isso. Por falar em estátuas, você já olhou em volta?

PEDRA

Distraído com a conversa, não prestei atenção na caminhada ao longo do rio. Estávamos em uma ponte enorme, escura, cheia de estátuas de um lado e do outro — imagens de santos e cenas religiosas. A vista dos dois lados da cidade me impressionou. A ponte era exclusiva de pedestres e, por isso, um passeio tranquilo e silencioso.

— Esta é a Ponte Carlos, Leo, iniciada em 1357, em homenagem a Carlos IV, o nosso rei mais querido, e concluída no início do século seguinte. Foi ele quem reuniu a Coroa tcheca, unificando os territórios da Boêmia e da Morávia, entre outros. Era um intelectual muito bem formado e falava cinco idiomas numa época em que até reis e rainhas não sabiam ler nem escrever. Quando decidiu morar em Praga, Carlos começou a transformar esta cidade no que ela tem de melhor. Criou uma parte nova, desenhou prédios, encomendou esculturas e projetos de arquitetura aos maiores artistas da época, reconstruiu o palácio real e fundou a primeira universidade da Europa Central. Esta ponte é apenas uma das obras dele.

— Essa ponte é mais antiga que o meu país! Como um rei pode fazer tanta diferença para uma nação...

— Pode mesmo, Leo. Aqui tivemos algumas sortes na nossa história. Nós falávamos...

— Você ia me falar do Don Giovanni.

— Ah, sim. Existem muitas maneiras de interpretar o Don Giovanni. Para começar, o nome dele é a versão italiana do Don Juan.

— Claro! O Don Juan das conquistas!

— Don Juan é um mito que se espalhou pela Europa a

partir de uma peça de teatro do escritor espanhol Tirso de Molina, chamada *El Burlador de Sevilla*. "Burlador" tanto pode significar sedutor, conquistador, como trapaceiro, enganador. A história é muito parecida com a da ópera e foi recriada por vários escritores mundo afora, encantados com o poder extraordinário desse mito.

— Não entendo por quê. O cara era um crápula, um assassino, um traidor.

— Mas o final faz uma enorme diferença, Leo. Exatamente o final, a conclusão que o autor propõe. Quando não se rende, quando repete tantas vezes o seu não, Don Giovanni mostra quem é.

— Um crápula, um assassino, um traidor.

— Só isso? Todos em volta dele são bons, puros, inocentes e só ele é o vilão? Será que não dá para desconfiar? As artes, Leo, são um lugar sem simplificações. A política simplifica, tentando convencer e conquistar a maioria. A ciência tem respostas fundamentais mas temporárias, o que faz parte do papel dela. Se quisermos perceber e expressar as tramas complexas e ocultas da existência, o que não deve ser nem esquecido, nem manipulado, nem descrito por qualquer fórmula, precisaremos das artes. Don Giovanni está em todos nós, Leo. O mundo não pode ser dividido em bons e maus, vilões e vítimas, tarados e castos. Isso é simplificação. Todos somos bandidos e heróis, capazes de crime e de criação. Simplificações destroem a humanidade que há em cada um de nós. É disso que Mozart e Da Ponte nos dizem. Eles nos mostram como Leporello é medroso e capaz de ajudar em todas as barbaridades do seu patrão para ganhar uns trocados. Anna quase é estuprada e seu pai é morto, o que de fato compõe uma porção de tragédias, mas ela só se lamenta e clama por vingança, como se só soubesse viver assim. Elvira está o tempo todo perseguindo o amante que lhe prometeu casamento e fugiu, o tempo todo avisando aos outros que ele é terrível, mas, sempre que está sozinha com ele, pede que volte. Zerlina, a pura e inocente noivinha camponesa, cede à tentação e só não vai até as últimas consequências porque Elvira interrompe. Depois dirá qualquer bobagem se o noivo aceitá-la de volta. Masetto, você vai me perdoar, é quase um idiota. Ele cai em todas as conversas de Zerlina. Mais adiante, entrega ao próprio Don Giovanni suas armas e leva uma surra vergonhosa, que é para ver se deixa de ser bronco.

Aquele era um novo e desconhecido Václav. Sua discrição, seus gestos medidos, seu silêncio pareciam ter desaparecido. Caminhávamos um pouco e logo ele encontrava alguma ideia que o fazia parar de repente e gesticular para o vazio, para o alto, em qualquer direção, dirigindo-se a mim e também a si próprio. A cada personagem que citava, ele imitava os seus trejeitos, sua maneira de andar e se comportar.

— A moral da história, Leo, não é aquela simples e mentirosa de que os maus sempre pagam. A moral é que Don Giovanni fez valer a sua danação, abraçou a morte com a mesma fúria com que abraçou a vida; marcou todos os que conheceu. Os outros personagens continuarão sua vida normalmente. Só quando Don Giovanni os sacudiu até a raiz foi que eles tiveram a ocasião de perceber outras possibilidades. Pelo mal, pela dor, pela perda, pela paixão, pelo desejo. Seja como for, a oportunidade de escolher lutar contra o outro, mas também contra si mesmo. E o que escolheram? Leporello vai à taberna procurar outro patrão; só sabe ser um empregado subserviente. Elvira avisa que entrará para um convento, não para abraçar a fé e sim para abandonar a vida. Zerlina e Masetto voltam para casa, para o cotidiano, para as rotinas que nem percebem mais. Don Ottavio pede outra vez a Anna que finalmente se case com ele; ela prefere adiar a vida o quanto possa e lhe pede que espere um ano. E o que Don Ottavio faz? Concorda!

Nada os moveu do lugar, sempre o mesmo, nem o grande crápula e os sofrimentos que ele causou, nem sua morte extravagante ou a estátua de pedra branca que veio buscá-lo.

— Então, tudo que ele fez se justifica.

— De jeito nenhum! Mas a moral não é que ele representava o mal e a sua eliminação trouxe o bem, como se todas aquelas pessoas agora estivessem salvas do perigo. Don Giovanni não é só essa simplificação do crápula. Na condição de mito, ele cumpre duas tarefas importantes. A primeira é sacudir o moralismo sexual que dominava o mundo naquela época. Era um mundo terrível, de repressão cruel às mulheres; um mundo dominado pela ideia do pecado em toda a parte, pela loucura da culpa, pelo pavor da condenação eterna ao Inferno, pela impossibilidade de se pensar livremente, de compreender, de imaginar. Para desfazer esse domínio, precisava surgir alguma força radicalmente contrária e disposta a qualquer danação em nome de uma vida livre. Os pensadores e os artistas já vinham desbravando esses caminhos, tentando fazer a sociedade avançar. Don Juan, o Don Giovanni, apareceu para isso. Ele é o libertino, o homem capaz de tudo pelos prazeres da vida, mas também pela liberdade de pensamento e ação; o homem que não se dobra diante de nenhum poder, nem sob tortura, nem sendo arrastado para o inferno. Ele se arrepende? Não. Ele se curva? Não. A estátua de pedra branca do Commendatore pode destruí-lo, não derrotá-lo. E isso é apresentado pelo teatro, bastante popular, com humor, que é uma forma de inteligência contagiante e aguda. Don Giovanni desmascarou a Europa, Leo. E continua atual. Porque, vira e mexe, o mundo revive umas ondas moralistas, de simplificações políticas que querem nos submeter às suas verdades. Para isso contamos sempre com Don Juan, para nos lembrar de pelo menos duas das nossas forças de vida: sexo e rebeldia.

— Rock and roll!

— Não entendi, Leo.

— Sexo e rebeldia, Václav! Isso é rock and roll!

— Claro, Leo! É isso mesmo! A Guerra Fria, os dois lados do mundo, os Estados Unidos e a União Soviética, os moralistas da direita americana, os bons costumes, os puritanos, o Partido Comunista, é isso mesmo! Precisávamos de um Don Juan libertador.

— Rock and roll, Václav. Popular, contagiante, humor, festa. E rebeldia.

— Você reparou que já estamos no portão da embaixada?

— É mesmo... Nem reparei.

Passava já da meia-noite. Quando entramos, minha mãe nos esperava na cozinha, tomando um chá. Estava preocupada, mas ficou feliz em nos ver contentes, rindo à toa, com a maior cara de pau deste mundo. Václav começou a pedir desculpas. Eu me adiantei e contei sobre a ópera, o Café Slavia, a Ponte Carlos, tanta coisa que eu tinha visto e aprendido naquela noite. Ela riu conosco e agradeceu.

— Obrigada, Václav.

— Sou eu quem agradece, senhora. Me perdoe pela hora.

— Não há problema. Até amanhã.

— Tchau, Václav. Superobrigado, meu amigo.

— Obrigado a você, Leo. Eu também tenho os meus discos.

— Vamos ouvir?

— Ouvir e conversar. Mais Mozart?

— Mozart. E *Amadeus*.

DIÁLOGOS

Passei o dia pensando sobre Don Giovanni, Mozart e meu amigo Václav. Eu estava ansioso; de manhã havíamos combinado de nos encontrar depois do jantar para ouvir os discos dele e conversar sobre o filme *Amadeus*, que eu tinha visto e gostava muito.

Quando voltei da escola, onde tudo continuava não acontecendo, meu pai estava comendo na mesa da copa. Perguntou da ópera, eu disse que tinha gostado — uma pergunta, uma resposta, fim da conversa. Ao lado do prato havia alguma coisa que ele lia atentamente.

Escrevi uma carta enorme para o Felipe contando o que estava acontecendo, principalmente sobre quem eu queria propor para novo membro da Confraria da Ponte: Václav. Contei da ópera, de Mozart, da conversa sobre rebeldia, política, comportamento. Eu queria apresentar meu novo amigo ao meu melhor amigo. Era urgente.

Desci para jantar com aquele meu sorriso de "está tudo bem, em silêncio somos felizes". Meu pai entendeu e retribuiu. Minha mãe não entendeu, mas também fez o dela. Eu e Václav nos comportamos como sempre, escondendo nosso plano de ouvir música e conversar sem convidar aqueles dois extraterrestres. Além disso, éramos irmãos na Confraria da Ponte. Mas, para minha surpresa, Václav queria dizer algo.

— Senhora, senhor embaixador. Como sabem, ontem Leo e eu fomos à ópera para assistir a *Don Giovanni*. Como conversamos muito sobre Mozart, pensamos em ver o filme *Amadeus*, do meu conterrâneo Miloš Forman, que eu consegui encontrar em uma locadora aqui perto. Gostaria de saber se podemos assistir ao filme e conversar mais sobre música.

Levei um susto com aquele Václav tão formal, diplomático, mas rapidamente me dei conta de que aquele era o Václav de sempre. E estava fazendo o que era certo. Minha mãe resolveu responder, sem dar chance ao meu pai de abrir a boca, claro que tentando evitar que ele seguisse seus reflexos condicionados para fazer tudo errado.

— Claro, Václav. O filme é maravilhoso e eu não sabia que o diretor é tcheco.

— Ele é de uma cidadezinha aqui perto de Praga. Trabalhou no Lanterna Mágica, um teatro multimídia nosso desenvolvido por um grande cenógrafo e diretor teatral chamado Josef Svoboda. Foi ele, aliás, quem fez os cenários das óperas que aparecem no filme. Miloš estava em Paris em 1968 e de lá foi fazer sucesso nos Estados Unidos. Mas filmou *Amadeus* aqui em Praga e na cidadezinha de Kroměříž, uma espécie de reconciliação com a Tchecoslováquia.

— Eu achava que o filme tivesse sido feito em Viena.

— É porque a história se passa lá. Mas Praga é a cidade que mais amava a música de Mozart. Viena tinha o imperador, a corte, muito dinheiro, mas era uma cidade frívola, superficial, que adorava seguir qualquer bobagem que virasse moda. A Viena magnífica, dos grandes pensadores, poetas e compositores, veio depois. Praga contava com músicos ótimos e adorava Mozart. *Don Giovanni* foi uma encomenda de Praga e estreou aqui. E com um sucesso extraordinário.

— Esta cidade é incrível. Bem, fiquem à vontade então. Se quiserem, podem assistir nesse aparelho de vídeo da sala de estar.

Meu pai olhou para Václav com um sorriso simpático que queria dizer "certo, não vou contrariar a minha mulher, você já falou demais, agora cale a boca". Meu amigo compreendeu, agradeceu e saiu. Terminamos o jantar em silêncio e depois fui esperar Václav enquanto tentava entender alguma coisa na televisão. Nada.

GARGALHADA

Ele trouxe a fita de vídeo e uma taça de sorvete. Vi o filme sem perceber o tempo passar.

Amadeus começa com o acorde inicial da ópera *Don Giovanni*. A música para. No silêncio, ouve-se o grito desesperado de um homem na noite coberta de neve: "Mozart!" Antonio Salieri, o compositor italiano predileto da corte, está trancado em seu gabinete, pedindo perdão a Mozart. Seus empregados arrombam a porta e o encontram coberto de sangue, com a garganta cortada, após uma tentativa de suicídio. Diante da cena violenta, a música de orquestra explode, puro drama, vertiginoso, acompanhando a correria para salvar Salieri. Nas ruas cobertas de neve, o compositor é levado num cesto puxado por um cavalo. No caminho, vê, através de janelas altas e iluminadas, que há um baile. A câmera entra no salão luxuoso. Os casais rodopiam e a música se torna alegre, festiva — e é a mesma música! Mozart. Não é só *Don Giovanni* e a sua história que são trágicas e cômicas ao mesmo tempo. Mozart, então, é sempre assim?

O filme é bárbaro. Quando terminou, eu tinha uma montanha de perguntas.

— Que música é essa do início, Václav?

— É a *Sinfonia n.º 25*.

— O que é sinfonia?

— É uma sonata escrita para orquestra. Pronto, agora é só explicar o que é sonata. É uma forma musical, uma maneira de organizar as ideias musicais. Em geral ela é dividida em três ou quatro partes, os movimentos, e é escrita só para piano ou piano com outro instrumento. Mas existem também sinfonias escritas para corais e orquestras, como a *Nona Sinfonia* de Beethoven, que ainda ouviremos juntos. Ou melhor, vamos ver uma orquestra tocá-la.

— Mesmo?

— Claro. Como eu ia dizendo, do que mais gosto nessas tradições musicais é que, ao contrário do que se pensa, elas têm origem popular. No caso das sonatas, a dança. Eu disse que a sonata é um conjunto de movimentos para um ou dois instrumentos, mas de onde ela veio? Assim como hoje, existiam vários ritmos de dança, que tinham aparecido em lugares diferentes. Então se costumava juntar algumas danças em sequência, o que os franceses chamaram de suíte, umas mais rápidas, outras mais lentas. E as músicas da suíte variavam de ordem e de tamanho. A alemanda, que, é claro, surgiu na Alemanha, muito alegre, é a que normalmente abre a suíte; a *courante*, que significa corrente, veio da França; a sarabanda nasceu na Espanha; a giga, que não se sabe se é de origem inglesa ou italiana, e ainda o rondó, que surgiu de um ritmo bem popular na França chamado "roda cantada", em que alguém cantava uma melodia e o grupo respondia. A gavota é francesa e acabou se tornando independente da suíte. A pavana pode ser italiana ou espanhola e é uma dança lenta, usada junto de outra bem rápida. O minueto, ao contrário das outras, não veio do povo, mas da dança de salão das cortes dos nobres, onde a dançavam como uma saudação, um cumprimento. Havia ainda muitas outras, por exemplo, a francesa *passe-pied*, a siciliana, cujo nome já diz que vem da Sicília, a *passacaglia* e a chacona, a *musette*, a galharda.

— E essas músicas eram dançadas todas de uma vez?

— Não, as sequências variavam bastante e os conjuntos as acompanhavam. Foi assim que surgiram as suítes. Os compositores faziam músicas cada vez mais bonitas que não eram para dançar. Queriam fazer música apenas para ouvir. E o propósito da música se ampliou constantemente. Além de servir para os cultos religiosos e para as festas e danças nas praças, a suíte podia ser apenas tocada e ouvida. Assim surgiu a suíte instrumental, da qual surgiu a sonata, da qual surgiu a sinfonia. Todas as artes faziam um esforço gigantesco para deixar de ter uma função, de só existir atreladas a uma utilidade. Os artistas queriam fazer uma arte não utilitária, que servisse aos propósitos da própria arte. Os artistas plásticos, por exemplo, pretendiam livrar-se do seu talento para fazer apenas objetos que fossem considerados bonitos e decorativos e, passada a moda, não servissem para mais nada. Queriam tratar de temas e assuntos que interessassem a todos sempre ou pelo menos tivessem essas ambições. Os músicos não queriam apenas acompanhar as danças de salão e as cerimônias religiosas. Desse modo, aquela simples coleção de danças, a suíte, acabou se tornando essa forma musical pujante, que consegue tratar de ideias musicais tão complexas. E o bom é que dançar não se tornou proibido. Novas conquistas não destruíram os usos anteriores.

— E Mozart compôs 25 sinfonias?

— Não. Foram 41.

— Impossível.

— Não para ele. Além disso, Mozart compôs 12 óperas, 27 concertos para piano, um para dois pianos e outro para três, cinco concertos para violino, dois para flauta, um para clarineta, quatro para trompa e um para flauta e harpa, uma sinfonia concertante para violino e viola, outra para oboé, clarineta, trompa e fagote, seis quintetos de cordas, 23 quartetos de cordas, além de centenas de obras de câmara. Sem falar na música sacra, para a qual ele compôs 18 missas e quatro litanias, além do famoso *Réquiem*.

— Calma, Václav. Não sei nada dessa porção de coisas que você acaba de dizer.

— Não se preocupe. Essas coisas a gente vai descobrindo ao longo da vida.

— Mas isso não termina nunca.

— Ainda bem! Eu tenho muito para ouvir e muito para ouvir de novo, muitas e muitas vezes.

— Mozart passou a vida inteira compondo. Como dava tempo?

— Ele nunca parava. Escreveu música desde os 5 anos de idade.

— Deve ser exagero do filme, nenhuma criança compõe aos 5 anos.

— A não ser que seja Mozart. Ele compunha quase como uma brincadeira. Tocava violino e cravo de olhos vendados para o papa, cardeais, reis e rainhas.

— Por isso é que o Salieri tinha tanta inveja dele. Não pensei que aquilo fosse verdade.

— O filme não é uma biografia do Mozart ou do Salieri. Tem bastante coisa inventada e tem bastante verdade. Mozart compôs um concerto e duas peças para piano aos 5 anos e uma sinfonia aos 7. Com 10, estava pronto, da perspectiva da técnica, como instrumentista e compositor. Aos 12, compôs uma ópera e uma opereta. E muito interessantes.

— Não acredito. Ele deve ter morrido mais velho do que aparece no filme para poder escrever tanta música.

— Morreu aos 35 anos.

— Você está brincando. Não daria tempo, Václav! Não dá tempo!

— É sério, não estou mentindo.

— E ele tinha aquela gargalhada?

— Sabemos que ele adorava rir, divertir-se com os amigos e os músicos dos teatros, qualquer um que tivesse a mesma vontade que ele de comer e beber bem, jogar, contar e ouvir piadas sujas, ver mulheres bonitas. A gargalhada foi um recurso do diretor do filme.

VERDADE

Václav confirmou coisas do filme que pareciam absurdas. Contou que Mozart dizia muita bobagem e adorava se comportar como criança levada, o que ele não teve chance de fazer na infância. O pai, Leopold Mozart, era um compositor razoável, bom violinista e ótimo professor do instrumento. Por isso ele viu no filho precoce, que resolvia complicados exercícios musicais com a maior naturalidade, uma oportunidade para tornar-se mais conhecido, respeitado e rico. Dedicou-se quase exclusivamente a viajar com o menino de país em país, exibindo o talento do filho para quem quisesse pagar. Václav me disse outra coisa muito triste: Mozart passou o resto da vida buscando aqueles aplausos, aquela admiração por um talento que parecia milagre. Essa insatisfação ele arrastou para sempre. Esperava ser admirado pela corte vienense, ganhar contratos, convites, encomendas e conquistar um emprego seguro com o imperador José II, que gostava de música. A admiração e os aplausos vieram, mas, na Viena daquela época, era só aparecer uma nova moda musical para roubar a atenção de todos. Mozart poderia ter sido o primeiro músico que viveu do seu trabalho com autonomia artística.

Desde o início do século XVIII começaram a aparecer pela Europa as sociedades musicais. Reuniam músicos profissionais e amadores, burgueses apaixonados por música, outros que queriam apenas convívio social e prestígio. Elas tiveram um papel importante para a música: além de eventos fechados, promoviam concertos públicos, que atraíam mais público. Além disso, encomendaram muitas obras aos maiores compositores, como Haydn, Mozart, Beethoven. Václav disse que eram parecidas com a Confraria; como não tinham discos para ouvir, promoviam concertos. Será que Mozart não sabia dar ao público o que ele queria? Se era um gênio, não podia escrever qualquer coisa que agradasse ao público, já que queria tanto fazer sucesso e receber aplausos? Se até Salieri conseguia... Václav me explicou:

— Tanto Mozart quanto Salieri caçavam prestígio e sucesso. A diferença é que Salieri só fez isso. Mozart sabia agradar ao público e chegou a tanto diversas vezes, mas também queria ser reconhecido pelo que tinha de mais genuíno, não só porque estava na moda. Muitos grandes artistas abandonaram o sucesso já conquistado para se lançar a novos desafios. E fizeram isso com grandes riscos, sem saber o que aconteceria. Alguns conseguiram; outros, não.

— Sabe quem estou lembrando que fez exatamente isso?

— Quem, Leo?

— Os Beatles, Václav. Eles largaram as turnês e passaram apenas a gravar, e músicas cada vez mais inovadoras. O disco *Sgt. Pepper's Lonely Hearts Club Band* é resultado disso. Uma hora dessas poderemos ouvi-lo.

— Claro que sim. Mozart queria desafios artísticos e sucesso. Todo músico até então havia trabalhado para dois tipos de patrão: as Igrejas cristãs, que tinham na música a parte central das suas cerimônias religiosas, e o rei, o imperador e a corte.

— Mas você disse que havia a música popular, a de dançar, por exemplo.

— É verdade. Mas a música das praças, feita por artistas informais, não pagava bem. Alguns poetas iam pelas aldeias, de um castelo a outro, cantando e recitando, tocando alaúde e outros instrumentos fáceis de carregar. Os poemas e as canções falavam de lendas e histórias de guerras e amores acontecidos em outros lugares. Naquela época quase ninguém viajava, e essas histórias despertavam muita curiosidade por todo canto.

— Mas eles não ganhavam para fazer isso?

— Muito pouco. Às vezes recebiam um trocado, ou alguma comida e um lugar para dormir nos celeiros. Eram artistas pobres, andarilhos, sem casa nem família. Mas, se o sujeito quisesse ser um músico treinado, se quisesse compor obras para instrumentos e vozes ou quisesse escrever e apresentar óperas, ele precisaria ter patrões muito ricos. Naqueles tempos, a nobreza cumpria esse papel.

— Por quê?

— Porque a burguesia, que vinha conquistando poder mas não era nobre, ouvia música só nas igrejas ou nas festas populares, nas praças, e para isso não precisava pagar. As sinfonias e as sonatas pertenciam à nobreza, eram tocadas nos salões e nos teatros só para convidados. Outros artistas não enfrentavam tanta dificuldade. Os escritores, por exemplo, vendiam seus livros para a burguesia se distrair e pensar. As igrejas protestantes já trabalhavam, século após século, para alfabetizar seus fiéis, que precisavam ler a Bíblia e estudar a palavra de Deus. Isso criou um imenso público leitor faminto por histórias de cavaleiros, poemas e sonetos que cantassem amores e paixões, saudades e desejos.

— Então os escritores podiam viver da sua arte?

— Com dificuldade, a maior parte deles. Mas já dirigiam o seu esforço para os compradores de livros. Também os dramaturgos e os atores conseguiam sobreviver da apresentação de seus trabalhos em teatros populares e palcos improvisados. Arrastavam seus cenários e figurinos para vilas e cidades com um público ansioso por aventuras, dramas e principalmente comédias. Foi daí que nasceu um teatro também burguês, que queria ver companhias profissionais encenar grandes autores. Como seus ganhos vinham do povo, esses artistas não precisavam agradar a bispos e cardeais, reis, barões e marqueses. Por isso a literatura e o teatro foram artes muito mais livres, capazes de exprimir novas ideias com mais fidelidade. No filme, Mozart é apresentado a esse mundo onde ganhavam espaço a música e o teatro musical popular, e percebeu que ali poderia encontrar um caminho. A ópera ia se transformando na arte mais popular da história, pelo menos até o surgimento do cinema.

— Mais popular? Não estou entendendo, Václav. Música clássica não é popular. Música popular é que é popular... Não sei, mas acho que é assim.

— Não, Leo. A palavra popular é usada em vários sentidos e nenhum deles nos ajuda a entender o que acontece com a música. Mas essa é uma conversa longa e eu proponho deixá-la para amanhã. Este seu amigo já é velho e precisa descansar um pouco.

Ainda assim, fui perguntando algumas coisas enquanto ele recolhia tudo e levava para a cozinha. Mozart gostava mesmo de perucas e de roupas, costumava andar na moda e gastava muito. Mesmo quando ganhava bem, compondo por encomenda e dando aulas de piano, estava sempre endividado. Sua formação inicial foi com o pai, e ele teve ainda os melhores professores da época e adquiriu uma técnica musical bem sólida. Em Bolonha, na Itália, ele estudou com o padre Giovanni Battista Martini, um dos maiores mestres da época. Além disso, suas viagens foram fundamentais para que ele tivesse a oportunidade de conhecer obras de outros compositores.

A música linda e triste do final do filme é o *Réquiem*, encomendado por um sujeito chamado Franz von Walsegg, um nobre que gostava de colecionar obras de grandes compositores para depois apresentar como se fossem suas. Ele pretendia oferecer uma grande missa fúnebre para homenagear a esposa, que morrera alguns meses antes. É verdade que Mozart morreu sem concluir o *Réquiem*; quem o finalizou foi um aluno, Franz Xaver Süssmayr, com base em anotações bastante adiantadas do compositor.

Depois de morto, Mozart foi homenageado na imprensa europeia. Ninguém conseguia acreditar que tanto talento tivesse sido desperdiçado num fim tão precoce. Demorou algum tempo para que sua obra fosse de fato admirada e executada, mas nem ele poderia imaginar que, tantos anos depois, o mundo o consideraria o compositor mais querido. Enquanto Václav enxugava alguns copos, seu olhar se perdeu em um lugar distante dentro dele mesmo. Ele me olhou com um jeito sereno, quase sorrindo:

— Mozart era todo ao contrário, Leo. Em tudo. Não deixaria de ser nem no momento de morrer. Sua vida inteira foi uma luta para pedir ao mundo que o amasse, que visse nele um menino alegre brincando com música. Como as crianças fazem com os brinquedos, ele desmontou a música para ver como ela funcionava. Com a simplicidade e o espírito brincalhão de toda criança. Por que ele fez isso? O pai era músico, a irmã estudava música e ele queria brincar também. Mas havia uma questão: de onde vinha tanta música? Uma explicação parecia óbvia: era obra de Deus. O Espírito Santo devia soprar no abençoado ouvido daquela criança. Era nisso que acreditava, por exemplo, o Salieri do filme, que tentou barganhar com Deus algum talento e sucesso em troca de castidade e adoração — coisas que não entendo por que interessariam a Deus. Quer dizer que Deus faz negócios com ambiciosos desonestos? Ou que o Espírito Santo está interessado em quais sonatas e concertos a corte de Viena ouvirá? Ou que escolherá um menino para tornar-se sinal — bastante suspeito — da sua existência? E, ao fazer isso, não terá apreço algum pelo destino do menino escolhido? Acho uma falta de respeito o que alguns fiéis fazem com Deus. Ao compor o *Réquiem*, uma missa para honrar os mortos, Mozart também foi único. Todos os réquiens foram compostos por pessoas que, de dentro da vida, lamentavam e choravam a morte. Mozart, doente, nos seus últimos dias, escreve de dentro da morte. Furioso, irado, veemente, inconsolável em sua tristeza, ele canta a vida e a sua beleza, da qual se despede inconformado.

Václav falava comigo, para mim, mas parecia estar em outro lugar, ao lado de Mozart.

— O que você quer ouvir amanhã, Leo?

— Pode ser alguma sinfonia de Mozart?

— Claro. E vamos conversar sobre essa tal de música clássica.

CIÚMES

Isso mesmo, ciúmes. Amigo também tem ciúmes, cara, é isso, é do que há. Você tem aí um novo amigo, o que sabe tudo, que entende de ópera, de Mozart, do diabo a quatro, a cinco, a seis. E eu aqui, no Rio de Janeiro, sem entender de coisa nenhuma, abandonado pelo sujeito que sempre foi o meu melhor amigo. Sabe o Inferno? Já ouviu falar? Pois é, já sabe. Se voltar, me conta como é.

Isto aqui está quente, meu camarada. Não, quente estava uns dez graus abaixo. Nem sei que nome tem o calor que está fazendo. Mas tem suas vantagens. Continuo vivendo de amores pela minha Alice, mas é impossível não ver essas mulheres cor de cobre para cá e para lá o dia inteiro, biquínis pequenos ficando menores. Juro que não vou olhar. E olho. Aí deve ser igualzinho, não é? Hem? Como são os biquínis que as tchecas estão usando nesta temporada de neve? Como é que se diz em tcheco "oi, neném"?

Não, não vou ficar de marcação. Ao contrário de você, eu sou amigo de verdade. Aqui está todo mundo de férias. A Confraria vai se reunir no próximo sábado e vamos ouvir Marvin Gaye. Quer vir, quer? Hem? Que tal? Depois da praia?

A Clara mandou dizer que está sem tempo de escrever porque gastou dezembro em recuperação no colégio. Depois a família veio do interior passar o Natal e o ano-novo e não foi embora. Ela não aguenta mais... Prometeu dar notícias e está derretendo de saudades.

Bom, agora você já sabe que continua fazendo falta e que eu continuo tentando animar você. Claro que estou feliz que você tenha descoberto por aí um amigo de verdade, que tenha coisas interessantes para papear noite adentro, que gosta de música como nós. Avise ao Václav que ele tem aqui mais um bando de amigos de fé, que já o adotaram na Confraria da Ponte. De agora em diante ele estará sob a nossa proteção em qualquer parte do mundo. Só falta fazer aquele ritual do juramento de sangue. Você também não está devendo o juramento? Vocês podem fazer juntos, o carnaval vem aí. Será que o embaixador libera o filho e o mordomo? Saudações do confrade e saudades do amigo

Felipe

CAFÉ

Eu e minha mãe descemos juntos enquanto ela me contava que meu pai tinha viajado a trabalho para Bratislava. Václav arrumava a mesa do café da manhã compenetrado, como se aquela fosse a tarefa mais importante do mundo. Eu não me sentia à vontade para perguntar nada, mas estava curioso. Como um homem que sabe tanta coisa dependia de um trabalho tão simples? Naquela idade, ele não tinha família, filhos, netos? Estava sempre ali, trabalhando, e nos fins de semana cuidava dos pedaços do jardim que resistiam ao inverno. Ele nos cumprimentou com seu aceno de cabeça meio torcido e um sorriso discreto.

Minha mãe cortava pedaços de uma pera como se o mundo em volta estivesse parado. Os pedaços eram idênticos, e ela os arrumava metodicamente. Que mundo minha mãe habita? Quando eu tinha 8 anos, ela me deu de presente um disco que logo virou o meu predileto: *O Grande Circo Místico*. Meus amigos não gostavam porque achavam muito triste. Mas minha mãe adorava. Quando estava sozinha e queria ouvir música, punha o disco para tocar. Como era meu, acho que ela se sentia meio obrigada a me chamar para ouvir. E eu ia. Meio sem vontade, às vezes, mas ia. Também acontecia de eu estar ouvindo os meus disquinhos de histórias, pequenos e coloridos, e ela aparecer, sugerindo que eu ouvisse o *Circo Místico*. Eu adorava a canção que falava do mundo dos artistas.

Eu ficava fascinado com as imagens desfilando na minha imaginação. Segundo minha mãe, essa era a mágica do Edu Lobo e do Chico Buarque de Hollanda.

A música descrevia os artistas, o desfile no picadeiro, um mundo tão distante de mim e para mais ninguém tão próximo.

Eu me imaginava incorporado à trupe, fugindo com eles para ganhar o mundo nos caminhões, nas carroças, nos vagões puxados noite adentro pelas estradas, virando artista, nem que fosse para engolir fogo ou espadas e me equilibrar sobre um fio suspenso na maior altura que existe no mundo, que é a da lona onde o circo acontece. Porque circo não existe, circo acontece. E sonhava com a beleza das moças que vão em pé sobre os cavalos que correm, as que dão piruetas, as que rodopiam presas pelos cabelos. "Não, não sei se é um truque banal, se um invisível cordão sustenta a vida real."

O circo místico
Zizi Possi

Sempre que ouvia a música, eu me via fugindo de casa para virar artista de circo. Se na minha família tinha várias gerações de diplomatas que conheceram o mundo discutindo acordos e negociando tratados, eu ia inventar uma tradição de palhaços e malabaristas, domadores e trapezistas.

Minha mãe me fez voltar das minhas memórias e das músicas que eu escutava dentro da minha cabeça.

— Ontem eu ouvi uns pedacinhos da música do *Amadeus*. Morri de inveja de vocês.

— A senhora poderia ter vindo ver o filme conosco, não é, Leo?

— Claro, mãe. Por que você não desceu?

— Obrigada. Mas eu já estava cansada e com sono. Fiquei me lembrando de uma ópera de Mozart a que eu assisti e nunca mais esqueci, principalmente de uma ária.

— E a senhora se lembra do nome?

— Claro que sim. A ópera era *As Bodas de Fígaro* e a ária, "Voi che sapete".

— Leo e eu tínhamos combinado que hoje ouviríamos sinfonias e concertos. Mas, se a senhora me permite, por que não vem ouvir conosco essa ópera de Mozart? Eu tenho a gravação dela. Posso procurá-la. O embaixador está em viagem e eu não terei nenhum trabalho até o jantar. Nós três poderíamos ouvir aqui na sala de estar.

— Eu vou para a escola e depois do almoço ouvimos música. Vamos ouvir, mãe? Seria o máximo.

— Vamos, sim. Eu vou adorar.

Ela deu aquele seu sorriso lindo e branco e logo voltou para os pedaços de pera. Fiquei pensando na música daquele disco que ouvíamos juntos e em algo que eu queria tanto dizer a ela e não tinha coragem. "Me ensina a não andar com os pés no chão. Para sempre é sempre por um triz. Ai, diz quantos desastres tem na minha mão. Diz se é perigoso a gente ser feliz."

Beatriz
Milton
Nascimento

TRIO

Václav arrumou a sala com todo o cuidado. Havia uma pilha de CDs ao lado do aparelho de som e na mesinha de centro ele tinha colocado uma bandeja com chá e biscoitos, como a minha mãe gosta. Para mim, uma jarra de suco. Finalmente a minha mãe apareceu.

— Então, Václav, encontrou aquela gravação?

— Encontrei sim, senhora. Minha sugestão é ouvirmos a abertura. Depois, como não vamos ouvir a ópera inteira, pulamos direto para a ária de que a senhora gosta. O que acham?

Concordamos. Logo começou uma música que, mesmo sem descobrir por quê, eu sabia que era de Mozart. Havia a mesma alternância de alegria, força, brilho, mistério e delicadeza, e logo a orquestra inteira atacava os acordes, os crescendos, e então só uns poucos instrumentos que tocavam bem baixinho. Quando acabou, eu e minha mãe, que estava com o mesmo sorriso de sempre mas um brilho novo no olhar, aplaudimos, enquanto Václav ia mudar a faixa do disco. Meu amigo explicou que, apesar de ser cantada por uma voz feminina, aquela música contava a história de um rapaz, um adolescente apaixonado que pergunta a duas mulheres se o que ele está sentindo e não compreende é amor. Uma melodia tomou a sala. A voz era aguda, limpa. *"Voi che sapete che cosa è amor, donne, vedete s'io l'ho nel cor. Quello ch'io provo, vi ridirò, è per me nuovo, capir nol so"* (Vós, que sabeis o que é o amor, mulheres, vede se o tenho no coração. Aquilo que sinto, a vós repetirei, é novo para mim, compreendê-lo não sei).

Voi che sapete
Cecilia Bartoli

Por que diabos eu não conhecia Mozart? Por que será que nenhum de nós, eu e meus amigos, não tínhamos ouvido falar nele? Imediatamente me lembrei do Felipe, como ele se sentiu quando se apaixonou pela Alice e foi conversar com a Helena. Eu não entendia que terremoto era aquele que estava acontecendo com ele. O que é o amor? Felipe ficou idiota. Helena e o meu avô passaram a maior parte da vida juntos, e ela morreu querendo se encontrar com ele. E eu sou esse que não sabe se ama ou se inventa um amor apenas por querer amar. Minha mãe tinha lágrimas nos olhos.

— Por que não se ouve mais música clássica, Václav?

— Senhora, eu sou apenas um mordomo que se mete a jardineiro.

— Mentira, mãe. Ele tem me explicado uma porção de coisas incríveis. Na verdade, tinha me prometido que conversaríamos sobre música clássica.

— Então estou atrapalhando os dois.

— Não, senhora. Vamos conversar. Mas terei de discordar da senhora em algumas coisas. Acho que nunca se ouviu tanta música clássica quanto hoje em dia. Aliás, também outros tipos, como tango, samba, jazz, bossa nova, chorinho, salsa, merengue. Porque agora há o rádio e a TV, discos, fitas e CDs. Mesmo em Praga, mesmo fechados para o mundo, pode-se comprar música dos últimos 600 anos. Nossa dificuldade aqui era encontrar a música mais recente, por causa da Guerra Fria, que espalhou tanta ignorância pelo mundo. Imagino como serão as lojas de discos em Nova York, Londres, Paris. Devem ser verdadeiros paraísos musicais! Aqui mesmo eu consigo comprar talvez mais da metade das sinfonias, dos concertos e das óperas de Mozart. Quase tudo de Beethoven, Brahms, Schubert, toneladas de Bach, Chopin e até mesmo algum moteto medieval de Machaut e músicas compostas no ano passado. Ou seja, uns 650 anos de música.

— Isso é muita coisa, Václav. Se entendi direito, esse Machaut viveu lá pelo século XIV?

— É isso mesmo, Leo. Na verdade, a música já existia muitos séculos antes deles. Em todas as civilizações conhecidas há música. Mas a música como a entendemos hoje, resultado do trabalho de um artista, começa com esse sujeito, Guillaume de Machaut. Durante muitos séculos, a música foi considerada uma técnica, quase uma ciência, que servia principalmente para acompanhar e tornar mais acessível o texto religioso. Para mudar isso era necessário alguém que criasse uma arte inteiramente nova, fosse reconhecido pela qualidade e confiável para a Igreja — Machaut era tudo isso. Escritor, compositor, ele foi o maior poeta do seu tempo. Era cônego da Catedral de Reims, na França, além de viajante experiente, poliglota, diplomata e matemático. E gostava de viver grandes paixões. Essa sua vida tão variada permitiu que, como artista, ele também fosse duplo, inaugurando a liberdade de compor música religiosa ou não. Não criou nenhuma forma musical nova, mas levou à perfeição as que já existiam, como o moteto e a balada.

— E até essa música tão antiga está gravada?

— A maior parte do que se conhece dela, sim. E nós temos o privilégio de ouvir tudo isso. Sabe o que Mozart ouvia? Muito pouco além de Mozart. O setor editorial ainda era bem acanhado e, por isso, não se tinha um bom acesso ao trabalho nem dos grandes mestres, nem dos compositores da época. Mozart vivia em uma imensa solidão musical. Durante suas viagens podia ouvir compositores e intérpretes das cidades por onde passava. E há uma coisa que me aterroriza. Pensem nessa ária que ouvimos agora, ou *Don Giovanni*, que o Leo adorou tanto. Hoje em dia podemos ouvir tudo e de novo, de novo, quantas vezes quisermos, todos os dias. Menos de um século atrás, quando adorávamos uma música, não sabíamos quando a ouviríamos outra vez.

— Václav, eu nunca tinha pensado em nada disso!

— Pois é, dona Cecília. É necessário sempre atrair novos públicos, gente mais nova, crianças. A música, como tudo que vale a pena, é um esforço. Porém, não estou pessimista.

— Mas você não acha que a música popular está tomando todos os espaços?

— Dona Cecília, essa conversa vai longe.

— Então vamos começar logo!

UNIVERSAL

Václav e eu estávamos animados. A conversa prometia e tínhamos um bocado de tempo pela frente. Sentado na ponta da cadeira, ele era puro entusiasmo.

— Há uma porção de coisas aí para lembrarmos, dona Cecília. A primeira é o que chamamos de música clássica e popular. Eu aprendi que os nomes que damos aos gêneros musicais criam certa confusão. Muitas vezes a música é chamada de clássica para diferenciá-la conforme os períodos da sua história. Música clássica, assim, é aquela que surge entre a música barroca e a música romântica. É o período de compositores como Haydn, Mozart, Beethoven e muitos outros. Mas eu não gosto dessas classificações, nem em música, nem nas artes em geral e menos ainda quando reúnem várias artes no mesmo nome de um período, o que só cria confusão. Podemos denominá-la de acordo com a sua função. Aí ela vira música sinfônica, que é aquela feita para as orquestras, ou música de câmara, feita para os grupos menores. Isso deixa um bocado de fora e, pior, não dá unidade a músicas que têm muito em comum e são de vários períodos da história. Elas podem ser de concerto, sacras, sinfônicas, de câmara e ser mais ou menos populares, se acaso forem mais ou menos conhecidas. Mas existe um nome que é pior que todos os outros: música erudita. Erudito é aquele que sabe bastante, que tem diversas informações e conhecimento sobre um ou vários assuntos. Chamar essas músicas de eruditas provoca dois erros gravíssimos. O primeiro é fazer parecer que as músicas populares são ignorantes, o que não é verdade. O jazz, o chorinho, o samba, o blues, o tango, enfim, várias músicas muito populares são extremamente elaboradas, contêm ideias próprias e sofisticadas, embora nem sempre segundo as regras de outras músicas. São apenas outras erudições, que vêm de outras tradições, outras formas de desenvolvimento e de aprendizado. A outra razão é que uma porção de sinfonias, óperas e concertos é criada com as melhores técnicas e as mais rigorosas leis e nem por isso deixam de ser a mais aprimorada porcaria. Chatíssimas, insuportáveis. Servem para meia dúzia de infelizes dissecar, o que só se faz com o que já está morto.

— Então como é que você chama essa música que chamam de clássica ou de erudita?

— Acho que o importante é compreender o caminho das músicas e das suas tradições.

— Desculpe interromper, mas tenho de perguntar. Por que é que você sempre fala "as músicas", no plural? A música não é uma linguagem universal?

— Dona Cecília, toda música é resultado de um processo particular de cada povo, da sua história, dos seus sonhos, das suas tradições. Isso vale para as sinfonias de Mozart e para o rock, para o samba e para o jazz. É claro que as culturas se tocam e se influenciam, porque os povos fazem isso. O que é universal é a música, porque não há humanidade sem música.

— Mas Mozart e Beethoven podem ser compreendidos em qualquer lugar.

— Acho que sim, dona Cecília, depois de algum convívio. Eu proponho uma maneira de dar um lugar espaçoso para todas as músicas. As do interior da África, da Europa, das Américas, de todos os períodos da história humana.

— Por favor, explique aqui pra nós, Václav. Mas que não seja difícil de entender.

— É fácil, Leo. As diferenças são as tecnologias usadas para registrar e difundir as músicas.

— Pronto, já não entendi.

— É muito simples. As maneiras usadas para guardar a música e, depois, para levá-la a outras pessoas, em outros lugares, e às gerações futuras se modificaram ao longo do tempo. Ao conseguir registrar e distribuir as músicas, essas tecnologias determinavam o que a música poderia ser ou não. A primeira delas é a que é a própria música: a memória.

— Mnemósine era filha de Gaia e Urano. Ela faz parte do grupo das Titânidas, irmãs dos Titãs, como o caçula, chamado Cronos. Urano devolvia todos os seus filhos ao ventre materno logo que nasciam, por medo de ser destronado por um deles. Gaia propôs aos filhos, um a um, que matassem o pai para libertar os irmãos e vingar a ela própria — o único que aceitou foi Cronos. Depois de castrar o pai, que se separou então de Gaia, Cronos pôde se casar com sua irmã Reia, uma das Titânidas, e tomou o lugar do pai, o rei. Como não é raro acontecer, logo que assume o poder Cronos torna-se um tirano ainda pior que Urano. Com medo de que lhe façam o que fizera ao seu pai, ele engole os filhos logo que nascem. Mas Reia foge para a Ilha de Creta a fim de dar à luz o seu caçula, Zeus. Para enganar o marido e tentar salvar o filho, ela embrulha uma pedra em panos de linho, que o marido engole imediatamente. Zeus então liberta os Ciclopes — os gigantes fortíssimos de um olho só no meio da testa — e destrona Cronos, que vomita os filhos que engolira. Para comemorar essa vitória e o poder que acaba de conquistar, Zeus pede a Mnemósine que cante o seu feito, para que todos saibam dele para sempre.

— De onde você foi tirar essa história assim de repente, Václav?

— Da mitologia grega, Leo, na qual encontramos os mitos que fundaram a maneira de nos entendermos. Essa história sanguinária, de horrores e vinganças, conta muitas coisas importantes sobre nós e sobre a nossa música.

— Ainda bem que você vai explicar, né, Václav?

— É simples; basta compreender cada divindade. Gaia representa a Terra; Urano representa o Céu. Os Titãs e as Titânidas, assim como seus filhos e filhas, nasceram do encontro entre o Céu e a Terra, tais quais seu filho Cronos, o

Tempo, e sua filha Mnemósine, a Memória. Quando Zeus quer que sua vitória seja lembrada para sempre, é Mnemósine que o ajudará a nunca ser esquecido, porque ela sabe "tudo o que foi, tudo o que é, tudo o que será". Assim, Mnemósine contará para sempre a derrota de Cronos. A Memória vencerá o Tempo.

— Que máximo, Václav! Mas... e a música?

— Acontece que Mnemósine, a Memória, é a mãe das Musas, e as Musas são a fonte da música.

— Então a música é filha da Memória.

— Exatamente, meu amigo. Acontece que a Grécia Clássica, aquela dos filósofos, dos teatros, da arquitetura, nasce de uma civilização anterior, composta de agricultores e pastores, antes da organização da *polis*, ou seja, da cidade, e da criação do alfabeto. Lá, a maneira de entender o mundo e a história era guardada e transmitida pelos aedos, os ancestrais dos poetas. Mas a poesia, também guardada na memória dos aedos, era cantada, era feita de música, que a protegia do esquecimento. Naquela Grécia ancestral, as pessoas viajavam pelos lugares conhecidos e pelos tempos vividos sem sair do lugar, apenas ouvindo os cantos dos aedos, dos poetas. Cantando suas palavras, o poeta é capaz de romper todos os limites, por contarem com as Musas e sua mãe, Memória.

— Mas então muita coisa deve ter sido perdida, esquecida, já que eles não escreviam.

— Será? Quando foi criada a escrita, os gregos, que havia milhares de anos eram ágrafos, ou seja, não tinham nenhum sistema para escrever e ler, entraram em pânico: se agora dependiam de palavras escritas para lembrar, não acabariam se esquecendo de tudo?

Václav mostrava um entusiasmo contagiante ao falar das coisas que sua cabeça articulava com a música. Para ele, música é memória — é a arte da memória. Sons e silêncios são apenas a matéria-prima da música. E continua sendo assim, porque essa é a natureza da música. Muito tempo depois do desaparecimento da Grécia Antiga, quando a memória já não passava da simples capacidade de lembrar, ela foi o primeiro recurso para guardar e distribuir a música. Quando alguém criava uma canção, tinha de se lembrar dela para depois repeti-la. A técnica era o mais simples possível: criar músicas que pudessem ser lembradas e depois distribuí-las pelo que se chama de tradição oral, contada de um para outro, dos pais para os seus filhos, geração após geração — como cantigas de roda, que são transmitidas de memória de uma geração para outra. Não sabemos quem compôs as músicas do folclore, das festas populares, as cantigas de ninar, de brincar, a música que aprendemos porque ouvimos alguém tocar ou cantar e aí a repetimos para outras pessoas. Elas podem ser modificadas um pouco daqui para lá ou ao longo do tempo; não importa. Sobrevivem porque continuamos a gostar delas. Entre essas músicas, muitas não são antigas, porque o surgimento de uma nova tecnologia para registrar e reproduzir música não destrói a anterior — até hoje continuamos a cantar e tocar, a aprender e ensinar músicas pela tradição oral, de cor.

— Saber alguma coisa "de cor", Leo, é saber "de coração", considerado antigamente o centro das funções vitais. Hoje dizemos também "de memória". Em algumas línguas a expressão "de cor" se manteve no original, como no francês, em que se diz *par cœur*, ou seja, que vem do coração, do afeto; aquelas coisas que guardamos na memória porque são importantes, coisas que ficaram no coração.

ANDANTE

A escrita é a segunda grande tecnologia para registrar e reproduzir a música. Demorou séculos para ser desenvolvida, reunindo o esforço de muitas gerações de músicos — na Grécia Antiga já havia tentativas de notação musical, que aparecem em documentos do século III antes de Cristo. Um dos sistemas gregos associava as notas a letras do alfabeto. Foi estudado e registrado por Severino Boécio, importante filósofo, matemático, tradutor do grego e estadista romano, além de teórico da música greco-latina no século VI depois de Cristo. Ele associa a nota lá ao A, o si ao B, o dó ao C e assim por diante, o que acabou sendo utilizado na Alemanha e em outros países. O sistema serviu de base de uma notação bastante conveniente para representar acordes, ou seja, várias notas executadas ao mesmo tempo, diferentemente das melodias, composta de notas executadas uma após a outra. Para escrever os acordes, foram elaboradas as cifras, que, com base na nota indicada por uma letra, mostra com números os intervalos, as distâncias, as notas que devem ser tocadas. Isso é bem útil em músicas que utilizam sequências de acordes, sobre os quais os músicos inventam melodias, com liberdade de improvisação, como no jazz, no blues, no rock. Quando eu contar essa história para a turma da Confraria, ninguém vai acreditar que desde a Grécia Antiga o sistema de letras em vez de notas vem passando por modernizações. A ideia das cifras nasceu na Europa do século XVI e chama-se baixo cifrado, muito usado na música barroca por causa do improviso.

— Então existem, na verdade, várias maneiras de escrever música.

— Exatamente, dona Cecília. Culturas diferentes produzem músicas diferentes que precisam de formas de escrever diferentes. Como a música quase sempre esteve muito próxima da fala, por causa do canto, elas se influenciam o tempo todo. Nossa escrita tem sinais — os acentos — que indicam como devemos, por assim dizer, "cantar" as palavras. O sinal grave indica um abaixamento da voz, como que buscando as notas mais graves da fala. O acento agudo é o contrário: procura uma elevação, as notas mais agudas. O circunflexo indica uma elevação suave. Além desses acentos de altura, chamados "tonais", também existem os que os gramáticos classificam como "duração" e de "intensidade", muito parecido com o que ocorre na música. E sabem de onde vem a palavra "acento"? Vem do latim *accĕntus*, que deriva de *accinĕre*, "cantar".

— E essa escrita que conhecemos?

— Ela resulta das invenções e soluções desenvolvidas ao longo de séculos e é associada às cerimônias religiosas. Os ritos hebraicos e bizantinos usavam a cantilação, uma espécie de melodia, que se parecia mais com a declamação do que com o canto, muito usado na leitura dos textos sagrados nas sinagogas. Na cantilação bizantina havia um regente, o *doméstikos*, que indicava ao coro como cantar conforme sinais das mãos, chamados neumas. Ali pelo século VI, esses sinais começaram a ser reproduzidos junto aos textos sagrados. A eles se acrescentaram outros sinais, e também os católicos passaram a utilizar aquele código. Era um sistema voltado basicamente para a altura dos sons, assinalando as notas mais graves e mais agudas, além de umas poucas maneiras de realizá-las. A partir daí, padres e monges desenvolveram a escrita musical rapidamente. Eles tinham tempo para se dedicar à busca de novas soluções, partilhavam entre si as descobertas que faziam e foram criando músicas melhores em número cada vez maior. As linhas para dar mais precisão aos símbolos musicais surgiram no final do século IX, propostas pelo monge e teórico francês Hucbaldo, mas ainda eram 18 linhas. Guido de Arezzo, em 1025, tentou facilitar a leitura das linhas e as reduziu para quatro, estabelecendo uma cor para cada uma. A solução teve grande sucesso, porque aprimorou a legibilidade e, dessa maneira, ampliou as possibilidades de escrita: se é mais fácil ler, posso escrever coisas mais complexas. Logo surgiu o pentagrama, ou seja, o conjunto de cinco linhas e quatro espaços entre elas que usamos até hoje.

— Mas essa escrita ainda é muito complicada, você não acha? Na minha escola ensinavam a escrever e a ler música e eu nunca consegui aprender.

— Dona Cecília, tenho certeza que a deficiência nunca foi sua. Eu acho que o sistema é muito simples diante da complexidade musical que ele permite representar. O pentagrama nada mais é do que um eixo de coordenadas, aquilo que aprendemos em matemática, tão simples quanto um jogo de batalha naval: o eixo vertical corresponde aos números, o horizontal, às letras. No pentagrama acontece o mesmo: no sentido vertical eu escrevo as alturas, o que chamamos de notas — dó, ré, mi e assim por diante; no sentido horizontal, ao longo das linhas, está o eixo do tempo, da passagem sucessiva dos sons e dos silêncios.

— Mas aquele negócio de claves, você concorda que é difícil?

— Dona Cecília, ainda não concordo com a senhora. Claves são uns sinais escritos no início do pentagrama. Lembram-se do eixo das coordenadas? As claves servem para estabelecer o ponto zero, a partir do qual eu conto as linhas do meu gráfico, da minha batalha naval. A clave de sol, por exemplo, é escrita de maneira a marcar claramente a segunda linha do pentagrama, contando as linhas sempre de baixo para cima. Isso determina que a nota escrita na segunda linha é a sol; a seguinte, para cima, no espaço entre a segunda e a terceira linha, é o lá; a escrita na terceira linha é o si. Se eu descer para o primeiro espaço, aquele que fica entre a primeira e a segunda linha, é a nota fá; a que fica sobre a primeira linha, o mi. Já a clave de fá é escrita sobre a quarta linha, o que significa que a nota escrita aí, nessa clave, é o fá. Se eu continuo a escrever sucessivamente em espaços e linhas, vou escrevendo para cima as notas seguintes ao fá (sol, lá, si etc.) ou, para baixo, as notas anteriores a ele (mi, ré, dó).

— Mas é difícil identificar.

— É uma questão de prática. A música lida com um número muito menor de símbolos do que a linguagem escrita e tem bem menos regras. Só que eu não posso me esquecer de que sou mordomo. Acho que estão com fome e que um lanche cairia bastante bem.

PARAÍSO

Na copa, minha mãe decidiu preparar o lanche enquanto Václav arrumava a mesa. Porque insistimos muito, ele continuou as suas explicações.

— Como tinham condições de escrever o que imaginassem, do tamanho que quisessem, para uma porção de instrumentos e cantores ao mesmo tempo sem depender da memória, os músicos escreveram coisas cada vez mais sofisticadas e difíceis de executar. Eles podiam se aprofundar e criar uma música só para ser ouvida, não para dançar ou louvar a Deus; podiam usar música em dramas e comédias. Essa é a tradição da música escrita, que fica por aí sendo chamada de "clássica", "erudita", essas confusões.

— E ela não acabou com a tradição da música oral?

— De jeito nenhum, dona Cecília. As tradições orais foram mantidas, e até ampliadas, enquanto os compositores escreviam sinfonias, óperas e concertos.

— Você tinha dito que eram três tipos de música.

— Exatamente, Leo. O terceiro apareceu ali pelo final do século XIX. Quando as tecnologias de gravação surgiram, seus inventores não sabiam o que fazer com elas. Algumas ideias eram até meio ridículas. E não pensaram logo em música. As primeiras gravações foram feitas em cilindros de cera que duravam muito pouco tempo e quebravam por qualquer coisinha. Enquanto se aperfeiçoavam as tecnologias de gravação e reprodução, começou a busca de coisas que pudessem ser gravadas, que coubessem naqueles poucos minutos e que, é claro, todos quisessem comprar. As primeiras músicas acabaram sendo algumas árias de ópera, hinos religiosos, números musicais de teatro popular, canções folclóricas. O sucesso foi explosivo e a música mecânica, fonográfica, como se diz, se espalhou pelo mundo inteiro.

— Mas as músicas populares duram pouco tempo, três ou quatro minutos, Václav.

— Claro, Leo. Elas duram exatamente o tempo que cabia nos discos. Como eu disse no início, as técnicas fundam novas músicas. A música popular, das canções de poucos minutos, é resultado da revolução que foi o surgimento da tecnologia que permitiu gravar e reproduzir mecanicamente, até com aparelhos movidos a corda, a manivela, que dispensavam a energia elétrica. Em todo lugar ficara fácil gravar ou ouvir música. Milhares de músicos amadores que não sabiam ler nem escrever música, mas tinham um talento imenso, podiam criar obras e simplesmente gravá-las. Antes, teriam ficado anônimos, se suas criações fossem transmitidas de memória. Agora gravavam e multiplicavam suas músicas em cópias que iam para qualquer parte. Por isso eram convidados a se apresentar cantando ou tocando, criavam bandas e orquestras que os acompanhavam aonde quer que fossem. Vários tipos de música que antes estavam restritos aos bailes populares ganharam os palcos, as casas noturnas e os cabarés, as lojas de discos milhares de quilômetros distantes da sua origem e, enfim, o mundo inteiro, como aconteceu, por exemplo, com o blues, o samba, o choro, o tango.

— E as outras tradições não desapareceram.

— Exatamente, Leo. As tradições orais passaram a ser gravadas, mesmo as mais distantes. Em 1904, o técnico de som Dan Smoot, da companhia Odeon, gravou músicas das ilhas da Indonésia. Lá existe uma música maravilhosa, que ouvi em gravações de orquestras bem grandes formadas por instrumentos de percussão chamados gamelões. Essa música não dura mais do que algumas semanas e logo é esquecida. Os músicos indonésios ficaram muito surpresos: para que guardar música que logo vai ser velha? Por que alguém ia querer guardar música velha se logo haveria música nova? Eles querem música nova, saída do forno. O importante é lembrar sempre o modo de fazer.

— E a música escrita?

— Começou a ser gravada imediatamente. A ópera, como conversamos, foi a arte mais popular do mundo até surgir o cinema. Um dos seus maiores astros, um cantor italiano chamado Enrico Caruso, que viajava pelo mundo cantando ópera, logo gravou um disco, que vendeu aos milhares. Óperas e sinfonias completas, por serem muito longas, demoraram um pouco mais para serem gravadas, mas, assim que os discos cresceram um tantinho, lá estavam elas usando vários discos, que as pessoas compravam em uma mesma caixa bem grande.

— Mas e agora que um só CD comporta até mais de uma hora? Os compositores não precisam ficar escrevendo canções de só três ou quatro minutos.

— É verdade, dona Cecília. E, mesmo antes do CD, os *long-playing records*, os ditos LPs, tinham uma duração bem maior, como diz o seu nome. Já que ficaram mais baratos que os discos de 78 rotações por minuto, as companhias começaram a lançar álbuns duplos.

— E isso não mudou a música, como o senhor diz?

— Mudou. Cresceram bastante as gravações de obras extensas, como sinfonias e óperas. Além delas, Leo e eu ouvimos juntos os grupos de rock que criaram músicas bem longas.

— Claro. "Kashmir", do Led Zeppelin, tem mais de 8 minutos. Do Pink Floyd, "Money" tem uns 10 e "Shine on you crazy diamond", se você somar todas as partes, tem quase 26 minutos.

— Mas isso não deve ser só porque a duração do disco era maior e ele ficou mais barato.

— Com certeza, dona Cecília. Os músicos adoram experimentar novidades e combinar coisas que parecem distantes. Esses grupos incorporaram ao rock cada vez mais blues e jazz, como pude ouvir, com longos improvisos instrumentais. Além disso, por terem instrumentos mais potentes e versáteis (teclados e guitarras capazes de produzir timbres bem variados), foram também incorporando repertórios de autores sinfônicos e experiências que, lá na turma da chamada música clássica, era a última palavra da vanguarda. Aqui em Praga, onde se controlava tudo, esses discos chegavam a ser contrabandeados ou vinham em fitas copiadas e distribuídas clandestinamente.

— Nunca pensei que música precisasse ser contrabandeada e escondida.

— Pois é, Leo. Aconteceu aqui conosco.

— Conosco também, Václav. Com a censura da ditadura militar, eu ouvi muita música às escondidas, copiadas em fitas cassete.

— De verdade, mãe?

— É, Leo. Uma tristeza. Canções, livros, novelas, peças de teatro e filmes foram proibidos pela censura. Nossos artistas deviam submeter suas obras ao governo antes de apresentá-las ao público. Os agentes decidiam o que podíamos e o que não podíamos ouvir, ler, assistir. Uma vergonha.

— Eu conversei muito sobre isso com o meu avô. Ele me disse que ainda não temos uma democracia no Brasil e que vai dar muito trabalho conquistá-la.

— A democracia é trabalhosa, Leo. E necessária. Temos avançado para ela, mas falta muito. Acabamos de ter as primeiras eleições diretas para presidente da República depois de 25 anos. Eu e seu pai nunca tínhamos votado para presidente! Isso é um absurdo. E o resultado não parece muito animador... Vamos ver. Mas democracia é uma coisa que precisa ser vivida e praticada. Esse assunto vai longe e eu estou morta de fome. E vocês?

— Bem, acho que esse é o sinal para o velho mordomo cuidar do jantar.

— Só se ficar combinado que continuamos depois.

— Claro, senhora.

SEGREDO

Minha mãe foi tomar banho antes do jantar e eu resolvi ver um pouco de televisão — já entendia umas cinco palavras. Era hora do telejornal e as imagens mostravam um homem de cabeça branca, alto, com um jeito paciente e doce de sorrir, carregando um enorme buquê de flores brancas. Estava cercado por uma multidão de repórteres e de pessoas que queriam tocar nele e pedir autógrafos. Mostraram filmes em que ele regia orquestras, até aparecer uma cena dele bem jovem regendo no teatro onde assisti a *Don Giovanni*; em seguida, cenas de Praga ocupada por multidões de pessoas e tanques. Entendi que aquele homem era um maestro e tinha alguma relação com a invasão de Praga de 1968. Quem seria?

Corri para a cozinha, onde Václav providenciava o jantar com o cozinheiro, e lhe contei sobre as imagens que eu tinha acabado de ver na televisão. Ele ficou pálido, começou a suar e o cozinheiro o ajudou a se sentar numa cadeira e trouxe um copo d'água. Apesar das minhas perguntas, Václav disse que só se emocionara com o retorno desse maestro, que se chama Rafael Kubelík, depois de um exílio de 40 anos. Contou que haviam sido amigos na juventude.

Agora não restava mais nenhuma dúvida — Václav guardava um segredo.

MENTIROSO

Václav se refez rapidamente e se levantou brigando comigo e com o cozinheiro. Tudo exagerado; ele não precisava de nada daquilo. Bobagem. Estava surpreso, até comovido, com a volta do maestro. Uma comoção musical e patriótica, o que, para ele, é próprio da alma tcheca. Os dois riram e só então me dei conta de que estava com o coração aos pulos, querendo sair pela boca. Aquela cena foi tristemente familiar e tratei de afastar da memória Helena sentada na mesa da copa, no Rio. Bobagem.

Václav arrumou a mesa cobrando do colega a temperatura da sopa, o ponto do assado. Nunca tinha visto ele fazer nada disso. Minha mãe chegou animada, elogiando o cheiro da comida, perguntando sobre temperos e molhos, o que também não era nada comum.

— Mãe, acho que o Václav não está se sentindo muito bem.

— O que você está sentindo?

— Não se preocupe, dona Cecília. Apenas recebi a notícia de que o maestro Kubelík voltou ao país depois de um longo exílio e fiquei emocionado.

— Ele não se chama Rafael Kubelík?

— Exatamente. A senhora o conhece?

— Claro que sim. É um grande músico.

— Então vamos ouvi-lo regendo Mozart, se não se incomodarem de ouvir em LP.

— Claro que não. Mas vamos deixar isso para amanhã.

Václav não podia contrariar minha mãe. Depois do jantar me despedi dos dois e fui escrever para os amigos. Será que eu conseguiria contar a eles o que Václav tinha ensinado?

LEO,

como é um beijo que não acaba? É um beijo escrito numa carta que vem de tão longe que nem imagino? Um beijo que devo ficar olhando ali no papel e enquanto eu olhar ele não se acaba? Será que é aquele último beijo na festa, antes da sua viagem, aquele que ficamos lembrando e lembrando e por isso não acaba? Ou será o próximo, mesmo que a gente não saiba quando, e a espera não deixa que ele acabe?

Não é nenhum desses que eu quero, Leo. Quero uma porção de beijinhos, mas quero hoje. Agora. Quero aqueles que namorados dão, aqueles de quem se gosta muito.

Fiquei bastante tempo sem escrever para você porque vieram alguns parentes para cá e eu não queria que ninguém me visse escrevendo. Também não queria pensar no que estaria acontecendo por aí. As imagens na TV me deixaram muito preocupada.

Não sei o que estou dizendo, nem o que estou sentindo. Vem para cá, me dá um abraço apertado e me chama de boba. Diz que você gosta mais da Clara do que da Janis Joplin e que nunca mais você vai para tão longe. Muitos beijos.

Clara

CORRESPONDÊNCIA

Fui lendo a carta da Clara no caminho para o colégio. Ela tinha razão: estávamos separados por mar, oceano e cordilheiras. Mas não gostei de receber a carta. Ela me avisava que acabou, dancei.

Na escola fiquei olhando para as meninas que sempre estiveram por ali e eu não tinha prestado a menor atenção. Algumas eram lindas. Umas pareciam nascidas em bandos estridentes, como se fossem passarinhos ou gaivotas de determinada espécie que não consegue ficar sozinha, sob a ameaça de perder o rumo. Os gritos devem ser para orientação coletiva.

Colega, só as meninas é que têm. Nenhum cara diz que tem um colega. Pode ter amigo, pode ter conhecido, pode conhecer uns sujeitos, uns e outros, com os quais nos entramos em contato não por títulos, mas por cumprimentos: "E aí?" — que pode virar só "aí"; "qual é?" — normalmente facilitado para "qualé". Tem ainda o "fala" e um parente desse, que é o "diz". Algumas ofensas podem ser guardadas como sinal de intimidade ou de quase amizade. Se o sujeito chega ao colégio e encontra um grupo de caras, vai falando com um por um:

— Aí? Falaí... Diz... Comé...

Tem que falar sem pressa, meio largado, com cara de "já vi tudo na vida e nada me dá medo". Os amigos ficam por último e a eles você dedica algumas ofensas.

— E aí, animal? Ontem tu sumiu, ô débil mental. Mentecapto.

Mas até que algumas meninas são bem interessantes. Pois então é isso. Olho no olho. Vou mandar ver. Vou encarar. Só ainda não sei qual.

CLARA,

recebi sua carta e não tenho resposta para as suas perguntas. Não sei direito o que aconteceu com a gente, mesmo tendo gostado que tenha acontecido. Naquele dia da festa você parecia uma miragem e acho que ela ficou ainda mais interessante depois que descobri o humor, o jeito de provocar da menina vestida de Janis, que me chamou de piloto e depois descobri que se chama Clara.

Como você sabe, naquela noite minha avó morreu e a minha vida, que já vinha dando umas cambalhotas, resolveu parar no meio do caminho e me deixar de pernas pro ar. Acabei vindo para Praga e a gente não se viu mais. Nos primeiros dias achei legal ficar aqui de longe pensando em você. Mas acho que você tem mais juízo que eu e suas perguntas são respostas para tudo isso.

Acho que você é a Clara, não a Janis Joplin. Eu sou o Leo e não sei pilotar droga nenhuma. Foi legal. A gente se vê por aí, numa dessas esquinas entre Praga e o Rio de Janeiro. Na bochecha direita um beijo de amigo, na esquerda um de "até".

CALENDÁRIO

O inspetor entrou na sala de manhã bem cedo, eu com sete neurônios acordados, seis ainda bocejando. O que sobra é um idiota; um desatinado que é capaz de olhar para o sol até fritar a retina, como os malucos que chapavam no festival de Woodstock. Mas este nem precisa tomar nada. Gosta de oxigênio, puro, esse das manhãs azuis. É um contente, a pior coisa, acho eu, de que a gente pode chamar alguém: "contente". O mundo não está para contentes. Não...

Vozes. Ouço vozes. Elas entraram pelo vazio da minha caixa craniana e o eco, ricocheteando em todos os lados, me despertou. A sala, um tumulto só; todo mundo falando ao mesmo tempo. Por causa da Revolução de Veludo, muitos diplomatas foram chamados aos seus países, outros chegaram de repente, e a escola precisava mudar o planejamento. Traduzindo: as provas estavam sendo antecipadas. Bom. Muito bom mesmo. Alguém escrevia as novas datas no quadro, e o tempo para nos prepararmos virou quase nenhum.

Todos os meus neurônios despertaram com um sinal de alerta: eu não mais teria tempo para conversar com Václav e ouvir música.

Cheguei em casa abatido. Minha mãe sentou ao meu lado, olhou o calendário e entendeu o meu desânimo — eu me vi preso em um emaranhado de aulas de reforço, testes, provas, das quais só me livraria depois de quase dois meses. Tudo estava adiado até a primavera.

Minha mãe tentou me animar. Resolveu fazer um grande cartaz com uma agenda das minhas tarefas e, enquanto ela desenhava, eu agradecia por estarmos em Praga: fiquei imaginando o Antônio entrando no meu quarto, olhando aquela obra de arte toda colorida e perguntando se eu não ia desenhar também umas flores, uns passarinhos, um pôr de sol. Horários das aulas em azul; as provas em vermelho; trabalhos em casa e aulas de reforço em laranja; as horas de comer, dormir, tomar banho, em verde. Sobraram alguns quadrados em branco — ali estavam as minhas chances de liberdade. Não eram muitas, mas suficientes para descansar, ouvir música, manter a correspondência em dia. Realmente, não dava para continuar a vida mansa e passar tardes e noites conversando sobre música. Paciência.

RELATIVO

É mentira que as horas passam todas do mesmo modo, que o relógio é um instrumento de medição. Mentira. O tempo não existe. Se você está de férias, junto com os amigos, ouvindo música, tudo é rápido; o relógio fica esperto, ligeiro. Se você mergulha na rotina de provas, estudo, mais provas, mais estudo, os ponteiros pesam toneladas, os dias não passam, as semanas se arrastam. Mas as notas que vão chegando estão boas; eu tenho vencido o desafio.

Minha mãe tem sido genial. Dúvidas de Matemática e Geometria são com ela; Geografia e História, com meu pai. Václav incentiva trazendo alguma coisa para comer. Sempre entra assobiando Mozart e, quando reclamo, ele cai na gargalhada.

UMA CARICATURA

Não tem outro nome, Leo. Tudo é fajuto, vagabundo, com cara de coisa maquiada, falsificada. E confiscaram a poupança e os depósitos bancários. Foi um desespero. O pior é que nada indica que dará certo e a inflação vai continuar desenfreada. Alguns amigos votaram nessa eleição e as discussões foram pesadas, a divisão entre os candidatos foi muito grande. Meu pai está triste, preocupado, acha que o Brasil podia ter mais sorte. O primeiro presidente civil morreu antes da posse, o sucessor era fraco demais e agora essa sensação de perigo, de irresponsabilidade dos que governam. Vamos ter muito trabalho pela frente, amigo.

A Confraria diminuiu o ritmo porque as aulas voltaram. Agora também temos Física, Química e Biologia. E eu gosto.

Bom, a Clara conversou comigo sobre a sua carta, depois de uma baita insistência minha. Ela ficou triste, decepcionada com a situação, mas não com você. Ainda havia uma esperança de que sua resposta fosse apaixonada, que você insistisse em manter um laço, um amor distante, sei lá. Nenhum de nós passou por uma situação semelhante e não dá pra ajudar muito.

Quando você virá nos ver? Estamos com saudades e preocupados. Esse seu jeito meio gaiato, essa mania de brincar com tudo, não deixa a gente saber se você está feliz. Seus amigos estão atentos aqui de longe e sempre com saudades de você.

Um beijo da sua amiga

Clarice

IDEIAS

Hoje acabou o sufoco. Estou livre outra vez, com direito a uma sensação boa de que venci o desafio, apesar de a Matemática, como sempre, ter passado muito perto de me pegar. Minha mãe me deu de presente um equipamento de som maravilhoso. Almoçamos com meu pai, com todos os rituais que fazem parte de almoçar com o meu pai. Depois da sobremesa fomos para a sala de estar, onde achei que a aparelhagem nova deveria ficar. Eu queria mais conforto durante as nossas conversas, que já demoravam para recomeçar.

Quando Václav entrou, minha mãe e eu não conseguimos deixar de rir — ele estava praticamente escondido atrás da pilha de discos que tentava equilibrar, e nos divertimos arrumando as opções que ele nos trouxe. Václav olhava suas pilhas de discos com um orgulho e uma alegria que eu compreendia muito bem.

— Resolvi trazer peças para piano e para conjuntos de câmara, além das obras para orquestra. Já fica tudo aqui para ouvirmos quando tivermos oportunidade.

— Oportunidade? Não senhor. Agora vamos ouvir música todo dia. Não é, Leo?

— É isso aí, mãe. Esperei muito tempo por isso. Por onde vamos começar, Václav?

— Já ouvimos a abertura das *Bodas de Fígaro* e a sua ária "Voi che sapete". Emendamos então com uma conversa sobre os diversos tipos de música, e foi só. Hoje podemos começar a ouvir um pouco de música instrumental.

— Está aprovado!

— Se os dois concordam, vamos em frente. Já conversamos também sobre o empenho dos músicos em criar uma música que não fosse para dançar, cantar ou orar. Não existia nada contra outros usos da música, e os compositores continuaram a compor de tudo, mas queriam fazer música para ouvir. Essas coisas levam tempo. Durante séculos a Igreja dominou a produção musical. Além disso, aquelas músicas da tradição oral se perdem muito facilmente. As que eram escritas por compositores para as cerimônias religiosas ficaram registradas, e várias delas podemos conhecer em gravações e edições. Mas sabemos que havia muita música nas praças e mesmo no campo. Principalmente a partir do século XV, nas festas de aniversário, batizado, casamento, nas comemorações das colheitas e das viagens que deram certo, nas inaugurações, nos desfiles militares, sempre se tocava música. Os menestréis reuniam pequenas plateias para ouvir suas canções e ganhar algumas moedas; mendigos e cegos tocavam por esmolas. Era enorme o repertório de canções de humor, de duplo sentido ou de fofoca sobre a vida alheia. Nas cortes sempre havia muita música, a maior parte cantada e dançada, mesmo durante as refeições. Isso existe até hoje. A maioria dos restaurantes e bares, infelizmente, põe música para tocar.

— Você não gosta, Václav?

— Tenho de confessar que detesto, Leo. Eu adoro comer, adoro conversar e adoro ouvir música. Mas acho que ela não combina, até atrapalha, as outras duas. Música, quando não se pode ouvir com atenção, vira barulho. E eu adoro o silêncio. Tanto, mas tanto, que acho que só a música ou uma boa conversa podem interrompê-lo. Usar música nas festas e comemorações era um hábito dos nobres, e a burguesia, logo que pôde, tratou de imitar, pagando músicos profissionais para sua diversão. Aqui há uma coisa interessante. Na mesma época, os nobres começaram a se interessar por fazer música para se distrair, passar o tempo. Contrataram músicos que fossem, além de bons compositores e instrumentistas, bons professores. Era comum todos na família aprenderem um instrumento e tocarem juntos. O costume parece ter surgido na Itália e logo se espalhou para a França e depois pela Europa em geral. Nas famílias burguesas, é claro, também se criou o hábito de tocar alaúde, cítara, deixando os instrumentos de sopro para os profissionais. Assim apareceu o músico amador, que ajudou a criar um público para comprar partituras, instrumentos e ingressos. Mas, para que essa música amadora e burguesa se expandisse, ela precisava de um instrumento com certas características. Tinha de ser harmônico, ou seja, oferecer a possibilidade de tocar várias notas ao mesmo tempo, tocar acordes para acompanhar outros instrumentos ou o canto. Tinha de ser portátil, leve, barato. Essa solução era o alaúde, um instrumento levado pelos árabes durante a sua ocupação de quase 800 anos da Península Ibérica, que legou à Europa tanta cultura.

— Instrumentos árabes, Václav? A música deles não é muito diferente da nossa?

— É porque trilharam caminhos diferentes desde a expulsão deles do Reino de Granada, em 1492, mesmo ano em que a Espanha descobriu a América. Mas eles nos influenciaram muito, de diversas maneiras, nas ciências, no pensamento, nas artes — alguns instrumentos musicais inclusive. O alaúde, por exemplo, vem do árabe *al-Haud*. Mas a música instrumental começou a se tornar independente da prática de sempre tocar adaptações de música cantada. Os instrumentistas aperfeiçoaram a construção dos instrumentos e criaram técnicas para tocá-los, arriscando-se em demonstrações das suas habilidades. Em pouco tempo, essa exibição fez aparecer o virtuose, que encanta as plateias, apesar de, muitas vezes, ser superficial na interpretação. Ficam tão preocupados em exibir peripécias e acrobacias dos dedos que acabam se esquecendo de fazer música. O improviso cresceu muito, já que os instrumentistas ganharam mais liberdade. Só mais tarde os compositores passaram a determinar como deveria ser tocada cada obra. A ideia sempre é libertar o músico para a experiência musical sem utilidade alguma.

— O que você está dizendo é que os músicos queriam uma música não utilitária.

— É isso mesmo, dona Cecília. Adorei essa ideia, uma música não utilitária. Como, aliás, outras artes também buscaram essa falta de utilidade. Os pintores e os escultores quiseram criar obras que não servissem apenas para decorar catedrais e palácios: desejavam conquistar liberdade de expressão, de manifestar ideias e sentimentos. Mesmo que pintassem para papas e reis, os artistas passaram a reivindicar essa liberdade. Isso ocorreu com Michelangelo ao pintar a Capela Sistina, no Vaticano: ele não permitiu nenhuma interferência do papa Júlio II até a sua obra-prima estar pronta. Como sempre, não dá para comparar artes diferentes de maneira exata. Mas é verdade que a função dos artistas na sociedade estava mudando. Queriam que as artes pensassem o mundo.

— Mas qual era a tal diferença tão importante entre a música e a pintura?

— É uma diferença entre a música e todas as outras artes. A música, Leo, não significa nada.

— Václav, fala sério! Logo você que gosta tanto de música.

— Bom, essa conversa vai render. Que tal uma pausa para uma fatia de torta?

TELEFONE

Fomos todos para a copa comer uma torta com cobertura de caramelo, segundo Václav, uma receita húngara. Enquanto comíamos, ele conversava com o cozinheiro. Falaram o tempo todo em tcheco. Em alguns momentos pareciam discutir em voz baixa, e nós não entendemos nada. Ele voltou com uma expressão séria no rosto, pediu para se retirar e dar um telefonema e saiu apressado.

— Mãe, você não acha que ele tem alguma coisa estranha?

— Acho que não, Leo. Nunca reparei nada.

— Desde quando mordomo sabe tanta coisa de música?

— Na Tchecoslováquia a música é essencial. E você deixe de ser preconceituoso, Leo. As pessoas que fazem trabalhos simples talvez estejam preparadas para muito mais mas não tiveram oportunidade, sofreram algum problema ou podem ter muitas razões para isso.

— Claro que sim. Como algum segredo. Você sabe alguma coisa sobre ele?

— Eu não sei de nada e acho que a embaixada é muito cautelosa quando contrata os funcionários. Ou você sabe de alguma coisa?

— Não, claro que não. Só sei que o Václav merecia um trabalho melhor do que servir a gente. Mas eu tenho certeza de que ele guarda algum segredo.

— Que segredo, Leo? Você está me deixando preocupada.

— Não é pra ficar preocupada; só curiosa. Cadê a família dele? Por que ele não sai nos dias de folga? Ninguém visita o Václav, nunca. Agora foi a primeira vez que eu o vi saindo para telefonar e mesmo assim na maior correria. Quando fomos à ópera, todo mundo falava com ele com a maior cerimônia, chamando-o de "professor". E não o deixaram pagar os ingressos.

— Agora eu também achei estranho. Você perguntou a ele por que esse tratamento?

— Perguntei, claro. Ele disse que é um hábito daqui tratar os mais velhos por professor.

— É, você tem razão. Estranho mesmo. Vou perguntar ao seu pai se ele sabe de alguma coisa.

— Não! Mãe, por favor, prometa que você não vai fazer isso. Ou não te conto mais nada!

— Que bobagem, Leo. Até parece que seu pai é um monstro.

— Vamos fazer um trato? Eu não digo nada do seu marido, você não diz nada do meu pai.

ELEFANTES

Václav voltou com um ar meio desligado, um sorriso meio sem graça. Tinha mais alguns discos debaixo do braço, que colocou ao lado dos outros. Que telefonema foi aquele?

— Espero não ter demorado muito. Recebi um convite para encontrar um velho amigo hoje à noite. Se não precisarem de mim, peço licença para sair depois de servir o jantar.

— É claro, Václav. Aliás, podemos parar logo e você nem precisa servir o jantar.

— Obrigado, senhora, mas não é necessário. Onde paramos?

— Naquela sua revelação inacreditável de que a música não significa nada.

— E é isso mesmo, Leo. A música é concreta e só representa a ela mesma.

— Václav, todo mundo sabe que a música é a arte mais abstrata que existe.

— Vou tentar me explicar. Quando vamos ao zoológico e vemos um elefante, estamos vendo o elefante, ele mesmo, nada no lugar dele. Aquele elefante, então, é concreto ou é abstrato?

— É claro que é concreto.

— Exatamente, Leo. Para dar esse exemplo eu usei uma palavra, um conjunto de sons que, nesta língua, nós reconhecemos como a que representa aquele animal enorme que tem uma tromba. Essa palavra, elefante, é o animal? Não. Então, ela é concreta ou abstrata?

— Ela é abstrata.

— É isso, dona Cecília. Essa palavra é apenas uma combinação que foi feita, um acordo entre todos os que falam português, para representar o tal elefante. Se chegarmos à China e dissermos "elefante", os chineses não vão entender nada. Mesmo na Inglaterra ou na França, a palavra é muito parecida, mas não igual. O mesmo vale quando escrevemos a palavra elefante. Aquelas letras que, quando juntas, formam a palavra são mera abstração; em si mesmas, elas não significam nada. Estão ali no lugar de alguma coisa. A música não representa, não descreve, não está no lugar de coisa alguma. As artes representam lugares e coisas, descrevem situações, fatos, emoções. Mas não a música. E é nisso, então, que ela encontra a sua função, muito mais do que acompanhar a dança ou o jantar. Imagine que você fosse um artista que dominasse todas as artes. Para apresentar uma ideia, você escolheria escrever um conto ou um romance. Para outra ideia seria melhor pintar um quadro. Para outra ainda, só um poema resolveria. Mas todos sabemos que existem coisas que nenhuma palavra diz, nenhuma imagem descreve, nem cor nem geometria alguma. A experiência humana é tão rica e variada, tão intensa e profunda, que existem nela muitas, incontáveis coisas que não podem ser representadas. Mas estas também precisam ser percebidas e expressadas. Para elas é que inventamos a música.

TECIDO

— Se quiserem continuar, eu trouxe aqui uma coisa para ouvirmos juntos.

Queríamos. Václav colocou um disco sem nos dizer o que era. Uma orquestra tocou uma música meio solene, nem lenta, nem rápida. De vez em quando eu reconhecia um instrumento, mesmo sem saber o nome dele. Acho que era uma orquestra de cordas com uns instrumentos de metal e uma percussão cheia de peso. Acho que tinha também um cravo. De repente, sem interrupção, ficou muito mais rápido; mudou o andamento. Era bárbaro. Voltaram os instrumentos de metal e Václav viu minha cara de curiosidade.

— Trompetes.

Quando apareceu a tal percussão, ele se antecipou.

— Tímpanos. E a orquestra é de cordas. E tem um cravo.

É isso aí. Eu começava a ficar esperto. Não tinha nada difícil; bastava ouvir. No final, Václav fez um sinal pedindo silêncio. Houve uma pequena pausa e logo começou outra música. Era triste, lenta e estava claro o que Václav explicara: há muita coisa que só a música consegue dizer. Quando acabou, ele voltou a se antecipar e pedir silêncio. Outra pausa e outra música.

De novo ficou mais rápido, um andamento mais acelerado. E com aqueles mesmos instrumentos da primeira: trompetes, a orquestra de cordas, os tímpanos. Pronto, eu tinha aprendido. Outras vezes vieram as pausas e outra música começava. Ou a mesma recomeçava? Estava bem claro que os mesmos instrumentos tocavam. Até que começou uma superalegre, com uma marcação que era o máximo, pura comemoração. E aí acabou mesmo, de vez.

— Essas músicas foram compostas por Johann Sebastian Bach, o patriarca da música ocidental. Elas formam uma obra chamada *Suíte para Orquestra n.º 3*. Começa com uma abertura, depois uma ária, as gavotas 1 e 2, a *bourrée* e, finalmente, a giga. Essa é a suíte sobre a qual nós conversamos. E, falando de música instrumental, temos de ouvir Bach.

Na verdade tínhamos que ouvir muita coisa. Essa suíte de Bach é um exemplo de como o mestre foi buscar lá atrás as tradições da música para reuni-las, tendo o cuidado de tecer umas nas outras. Ao fazer isso, Bach lançou as bases de toda a música. Jazzistas adoram Bach, ainda mais para improvisar sobre os temas dele. Choro brasileiro também, tanto que Heitor Villa-Lobos resolveu compor as *Bachianas Brasileiras* para mostrar como a música do mestre alemão do século XVII ganha vida na música de um brasileiro do século XX.

TEMPERAR

— Aquelas sequências de danças de salão que formaram as suítes estão aí, mas já não servem para dançar, apenas para ouvir. Não representam nem significam nada.

— Por que você não queria que eu aplaudisse entre as danças?

— Porque você não sabia que elas formavam uma suíte, um todo, uma obra formada de várias partes. O aplauso encerra dentro de você a audição, separa uma parte da outra.

— Então é por isso que não se aplaude entre os movimentos nos concertos.

— Exatamente, dona Cecília. Aqui entre nós, acho que essa tradição criou um certo exagero. Não é grave aplaudir entre os movimentos, e as reações para reprimir os aplausos são muito antipáticas. Parece que os concertos pertencem apenas aos iniciados. Uma bobagem. Só os movimentos das obras bem famosas são conhecidos e o resto é para especialistas. É possível reconhecer o fim de um movimento ou de uma obra pela sua estrutura, mas isso é para músicos. Conhecer música é ter a consciência de que se está em uma ilha formada por algumas obras dos compositores mais executados, cercado por oceanos de repertório desconhecido por todos os lados. Quem achar o contrário ainda não conhece música. Podemos ouvir outro exemplo?

Claro que concordamos e Václav colocou dessa vez um CD, explicando que aquele era o primeiro volume do *Teclado Bem Temperado*, mais conhecido como *O Cravo Bem Temperado*. Eu ri do nome e ele disse que também o achava divertido: em português parece nome de livro de receita. Mas a obra é fundamental. Václav explicou que música e acústica não estão de acordo. Quando, ao longo da história, os músicos passaram a organizar as alturas dos sons para construir as escalas, a preocupação deles era artística, não física, científica, como Václav nos lembrou. A nossa escala é composta de intervalos, com distâncias entre as alturas, chamadas tons e semitons, e formam uma estrutura que pode ser repetida partindo-se de qualquer nota da escala dó, ré, mi, fá, sol, lá, si. Isso é o que os músicos chamam de tonalidades. Se a escala começa a ser formada em dó, é a escala de dó, depois a de ré, a de mi e assim sucessivamente. Além disso, as escalas podem ser construídas em dois modos, o maior e o menor. A diferença entre eles é de estrutura, da forma como as alturas são organizadas. De maneira resumida, simplificada, nós identificamos os modos maiores como mais "alegres" e os menores como mais "tristes". Cada escala pode então ter os dois modos: dó maior e dó menor, ré maior ou menor e daí por diante. Acontece que para a acústica não existem notas como na música. Existe só este som, aquele outro e a distância entre eles.

— Por quê?

— Outra vez, dona Cecília, é a questão da diferença entre natureza e cultura. A acústica é uma ciência que estuda as ondas sonoras, um fenômeno da natureza. Então a acústica mede um semitom. Quando construímos uma escala, a acústica monta as distâncias exatas entre os sons. Quando, por exemplo, ela diz que montou uma sequência de tons e semitons partindo do dó para formar uma escala de dó e depois desceu para determinada nota a fim de construir uma nova escala qualquer, ao chegar ao final da sequência nós não vamos mais reconhecer a afinação da escala. E por quê? Porque o ouvido que ouve a música é o da cultura, o que durante a vida inteira ouve música deste e daquele jeito. Há uma diferença entre a escala que ouvimos e a escala construída pelas leis da acústica. Por isso, quando o afinador ou o músico afina um instrumento, ele contraria a acústica em distâncias muito pequenas entre as notas e o afina segundo as regras da música.

— Mas isso não é fácil de resolver, Václav? É só tocar a música na mesma tonalidade o tempo todo. Afina o instrumento para a escala de dó e toca o tempo todo nessa escala.

— Exatamente, dona Cecília. Mas quem disse que os músicos queriam ficar inventando música que fosse o tempo todo numa tonalidade só? Alguém pensou em modular, ou seja, em mudar de tonalidade na mesma música, e várias vezes. Daí foi a maior confusão. Afinava-se o instrumento em dó maior, aí se passava para outro tom. Ia parar de tocar e afinar tudo de novo? Claro que não. E lá vinha o compositor mandando tocar em outro tom, nem o primeiro nem o segundo. E o instrumento parecia cada vez mais desafinado. O ouvido, aquele da cultura, da música, não suportava mais.

— Na época de Bach ainda era assim?

— Era, apesar de os músicos já buscarem um padrão de afinação. Essas maneiras de afinar mudavam de um lugar para o outro e precisavam ser padronizadas. Mas como fazer isso?

— Escrevendo um manual de afinação.

— Isso, dona Cecília. Acontece que não poderia ser um manual teórico; precisava ser alguma coisa que os músicos de qualquer parte pudessem compreender artisticamente. Bach então escreveu os dois volumes de *O Cravo Bem Tem-*

perado, uma obra-prima. Com um prelúdio e uma fuga em cada tonalidade maior e menor, ele compõe um tratado que permite resolver o problema e ao mesmo tempo nos deixa toda aquela música.

Václav colocou o disco e nos mostrou alguns exemplos. Havia música lenta e de velocidade vertiginosa. Umas eram tristes; outras, gloriosas; algumas pareciam uma reflexão. A tal da fuga é fácil de entender ao ouvi-la. Ele apontava as entradas dos temas e em seguida eu já conseguia fazer o mesmo. O difícil deve ser compor! Outras peças pareciam uma conversa de várias pessoas em que todos falavam, discutiam, argumentavam, mas o conjunto, era maravilhoso. Václav tinha uma explicação.

CONCERTANDO

— O nome disso é polifonia, Leo. Bach compõe entrelaçando várias melodias, formando um tecido, um todo. Essa técnica se chama contraponto, e ele é insuperável nisso. Conforme a música instrumental se ampliava e se aprofundava, surgiam novas maneiras de organizar as ideias musicais. São estruturas que os músicos chamam de "forma".

— E o piano? Sei que estou interrompendo, mas é que eu adoro esse instrumento.

— Ainda não existia, dona Cecília. Os instrumentos que deram origem ao piano surgiram no fim da vida de Bach, que chegou a ter um deles. Mas uma ideia que logo apareceu entre os músicos era realizar uma espécie de diálogo entre os instrumentos. Podia ocorrer de um instrumento com outro ou entre um e vários. As músicas que executavam esses diálogos e confrontos musicais foram chamadas de *concerto*, *musica concertata*. Essas palavras italianas têm esse duplo sentido que os músicos queriam.

— Mas isso não é contraditório?

— Não quando se trata de discutir ideias, nesse caso, ideias musicais. Você tinha um conjunto de vários instrumentos, "todos juntos". Eles podiam, em algum momento da música, se dividir em grupos que passavam a tocar "um contra o outro". Depois, podiam voltar a se encontrar. Isso acontece em qualquer diálogo, discussão. Essas situações já eram conhecidas na música vocal. Nas cerimônias cristãs, eram bastante tradicionais os cantos "antifônicos", divididos entre dois grupos de cantores que se completavam. Quem visita a Basílica de São Marcos, em Veneza, nota logo que existem dois lugares para os coros e dois órgãos, um diante do outro. A razão é que lá os cantos antifônicos foram muito utilizados, e então se colocava um coral de cada lado e um órgão para acompanhá-los separadamente. Quando vieram a música instrumental e as orquestras, manteve-se a tradição e os músicos rapidamente trataram de aproveitá-la ao máximo. Giovanni Gabrieli foi o mestre dessa prática, o primeiro a explorar o contraste entre as intensidades, como o *forte* e o *piano*. Também lá em Veneza surgiu a *sonata a tre*, escrita para dois instrumentos mais agudos acompanhados por um baixo. Em seguida, o baixo passou a ser reforçado por outro instrumento grave. Mesmo com mais instrumentos, esse tipo de sonata continuou sendo chamado de *a tre*. Foi uma conquista importante. Os músicos gostaram do efeito desse baixo reforçado, com mais de uma nota para acompanhar, e começaram a usar instrumentos harmônicos, como o cravo. Estava inventado o baixo contínuo, que marcava o acompanhamento com acordes, não apenas com outra melodia. Foram conquistas principalmente italianas, o que não é raro na história da música. A "sonata a três" logo se tornou a forma mais significativa na Itália do século XVII. Uma diferenciação importante foi a da *sonata da chiesa*, tocada nas igrejas, da *sonata da camera*, que era tocada nos salões, onde apareciam os movimentos dos vários tipos de dança.

— Como nas suítes.

— Exatamente, dona Cecília. A Itália então mostrou ao resto da Europa o modelo da "sonata a três" com as obras de um de seus mestres, Arcangelo Corelli. Mais difícil de ser tocada, a forma acolhida era a de um pequeno grupo composto pelos melhores músicos, que dialogava com um grupo maior, o qual executava passagens menos complicadas. Os instrumentos do primeiro grupo, chamados de *concertino*, dialogavam entre si, mas enfrentavam juntos o grupo maior, chamado *ripieno*. Juntos, os dois grupos executavam o *concerto grosso*, termo que acabou batizando esse tipo de música. Foi Corelli quem legou a forma mais perfeita do *concerto grosso*, em que um violoncelo respondia a dois violinos, repetindo nesses instrumentos solistas a mesma forma das suas "sonatas a três". Sua influência marcou a música italiana até a metade do século XVIII e influenciou mestres distantes dali, como Händel e Telemann, além do nosso amigo Bach. Os notáveis *Concertos de Brandemburgo* são obras-primas dessa forma. Vamos ouvi-los?

— Vamos, Václav, só que amanhã. Agora você vai se preparar para o seu compromisso.

MULHERES

Václav olhou assustado para o relógio, mas percebeu que tinha tempo suficiente. Subi para tomar banho e, quando desci para o jantar, notei que meu pai voltara da viagem. Estava animado, falante, contando sobre a beleza de Bratislava e dizendo que precisávamos conhecê-la. A novidade era uma viagem ao Brasil prevista para dali a dois dias. Havia um novo governo e ele precisava apresentar relatórios ao chanceler recém-empossado. E queria que minha mãe fosse junto.

— Leo pode ir conosco?

— Acho que não vale a pena. Vamos passar três dias porque tenho de voltar rapidamente. Acho melhor Leopoldo Armando esperar para passar mais tempo.

— Então eu fico com ele.

— Vai tranquila, mãe. É pouco tempo e o Václav pode me ajudar, não é?

Olhei para ele, que olhou para o meu pai arregalando os olhos e entortando a cabeça. Claro que o Václav tentava captar algum sinal antes de dizer qualquer coisa. Mas o meu pai o olhou do mesmo jeito. Minha mãe salvou os dois do impasse diplomático.

— Acho que assim está ótimo. Vou com você.

Meu pai olhou para ela surpreso com a facilidade com que concordara. Olhou pra mim, que estava muito contente. Olhou para Václav, que continuava lá com a sua cara de Václav, a cabeça torta para a esquerda, sem entender a cena. Alguma coisa ali ia bem demais e ele não sabia o que era. Resolveu se dedicar à sopa de ervilha.

Depois da sobremesa voltei para o meu quarto. Ouvi ruídos e fui à janela ver o que era. Václav estava de terno e gravata, saindo apressado para o compromisso com o tal amigo. Bateu a porta com força. Apalpou o paletó procurando alguma coisa, que não encontrou. Abriu outra vez a porta e entrou. Vi que acendeu a luz do quarto; ouvi barulho de várias coisas caindo, a luz se apagando. Václav apareceu de novo lá fora e bateu a porta com mais força ainda. Trancou com pressa e, quando retirou a chave da fechadura, o chaveiro caiu no chão. Ele se dobrou para apanhá-lo e saiu xingando, gesticulando. Devia estar atrasado. Meu amigo ia arrumado, nervoso e apressado demais para quem apenas visitaria um amigo. Ainda não sabia qual era o segredo, mas devia haver uma mulher.

INQUIETAÇÃO

Durante o almoço, meu pai estava agitado e fechado, o rosto tenso e não conseguia disfarçar. Derrubou a faca no chão, colocou açúcar duas vezes no mesmo café. Václav já tinha percebido e foi para a cozinha fingindo estar ocupado.

— Você acha que poderia se aprontar para viajarmos amanhã de manhã?

— Claro. Não se preocupe com rumores. Você sabe como são as trocas de governo.

— Não sei, Cecília. Desta vez eu não sei mesmo. O mais grave é que ninguém sabe.

— Senhor embaixador, com licença. Gostaria de perguntar ao senhor e à dona Cecília se durante a sua ausência Leopoldo Armando poderia ir comigo a algum concerto ou recital.

— Pode sim, Václav. Deixarei o dinheiro para as despesas dos dois. Hoje não vamos precisar de você na embaixada. Por favor, ajude dona Cecília a arrumar as coisas para a viagem.

Ele pediu licença, deu um beijo na minha mãe e, quando passou por mim, também me beijou na testa. E foi trabalhar. Alguma coisa devia mesmo estar muito errada.

PATRÕES

Minha mãe já arrumara tudo, não precisava da ajuda de Václav e, por isso, insistiu para descermos logo. Eu tinha visto esse entusiasmo antes, essa vontade de ouvir música sem querer esperar um minuto mais. Aconteceu comigo, com Felipe, Pedro, Antônio, Alice, a turma da Confraria e agora com a minha mãe. Por que isso acontece? Preciso conversar sobre isso com o Václav. Que, de novo, chegou carregando mais discos.

— Pronto, aqui está o *Concerto de Brandemburgo n.º* 3, de Johann Sebastian Bach. Ele faz parte de um conjunto de seis concertos compostos por encomenda do margrave de Brandemburgo, uma espécie de governador de província. Talvez ele tenha escrito outros, mas esses ficaram guardados por aquele senhor, que preservou os originais e ganhou o direito de entrar para a história. Não fosse isso, Christian Ludwig não seria lembrado agora, tantos séculos depois. Adoro pensar nisso.

— No quê?

— No que eu chamo de vitória de artista, Leo. Não serve de grande coisa para Bach, mas sempre dá um sabor de vingança pelo tanto de aborrecimento, até humilhação, que esses senhores de pequenos poderes e grandes vaidades causaram e, como não aprendem, continuam a causar. Esse foi mais inteligente e, por uns poucos ducados, conquistou o direito de ser sempre lembrado como um incentivador de obras-primas.

— Mas Bach teve problemas com patrões como Mozart teve?

— Frequentemente. Da mesma maneira que Mozart com o arcebispo de Salzburgo, Bach queria se demitir da corte de Weimar para trabalhar em outra cidade. Ele tinha problemas graves com o duque Wilhelm Ernst havia tempos, por causa de ciúmes e disputas com parentes do nobre, que queriam contratar Bach e lhe dar mais liberdade musical. O príncipe era beato e tentava comandar a vida de cada súdito. Proibiu qualquer dança na cidade, o teatro e a ópera. As luzes deviam ser apagadas às oito da noite. Durante as comemorações do segundo centenário do teólogo Martinho Lutero, o duque impediu que Bach compusesse uma cantata, além de proibir que ele comprasse papel de música. Bach exigiu ser demitido, como Mozart faria décadas depois, e a reação do duque foi mandar prender o compositor.

— Prender? Não é possível!

— Bach ficou quase um mês na cadeia, dona Cecília, e então foi demitido com desonra. À sua maneira, o duque também entrou para a história, mas como um idiota ridículo. Voltemos aos *Brandemburgo*. Os concertos não têm a forma exata de *concerto grosso*, porém deixam claro que vieram dele. O que aconteceu é que Bach os compôs de várias maneiras. Cada um tem um grupo diferente de solistas. A estrutura é típica dos concertos, intercalando andamentos diferentes: um *allegro*, um *andante* e outro *allegro*. A exceção é o primeiro concerto, em que há o quarto movimento, com um minueto seguido, sem interrupção, de uma polaca.

— São danças, Václav?

— Exatamente, Leo. Como um lembrete para não esquecermos as origens lá nas suítes. Proponho ouvir com atenção para perceber os temas musicais sendo apresentados, confrontados, variados entre os diversos grupos de solistas. Escolhi o terceiro brandemburguês não só pela beleza, mas também por causa dos instrumentos. Bach fez os grupos formados por instrumentos de cordas se enfrentarem e escreveu para três violinos, três violas e três violoncelos, sempre com o cravo.

Nós aplaudimos enquanto ele colocava o CD. Quando começou, parecia que Bach estava abrindo um mundo novo. Devia estar cansado de aturar duques que não aceitavam ser contrariados. Não tinha oportunidade de escrever ópera e com certeza não suportava mais as tradições religiosas, que impediam que se escrevesse música sacra para vozes femininas — mulheres eram coisas do demônio! Então nosso amigo Johann Sebastian parece que decidiu revelar como seria uma vida mais elegante, alegre, inteligente, mostrando ao mundo que o próprio mundo poderia ser melhor. E fazia isso com música. Havia desafio, provocação, como se alguém tivesse resolvido que era necessária uma trilha musical para a montanha-russa, mas uma que não acaba nem pergunta se você ainda tem fôlego. De repente comecei a imaginar aquela música tocando alto, com as caixas mais poderosas de todos os megashows de rock. E se houvesse ali mil guitarras para tocar?

SOLISTAS

— Jimi Hendrix! Eu queria ouvir Hendrix tocando Bach. Com Carlos Santana e Eric Clapton!

— Não é má ideia.

— Que velocidade, Václav. Nunca ouvi nada tão rápido.

— Não é tão rápido, Leo. São muitas notas tocadas com muita precisão, muita clareza, e então parece que tudo está mais rápido. Esse concerto foi um exemplo aproximado da forma do *concerto grosso*. Agora eu escolhi um exemplo de concerto de solista, em que o diálogo, o confronto, o desafio ocorre entre a orquestra e um único solista. Em Veneza, como tantas vezes, surgiu um mestre da forma do concerto de solista: Antonio Vivaldi. Era padre, mas, segundo ele mesmo, "não dizia a missa". Ou seja, não participava muito da vida religiosa e das suas obrigações. Precisava compor. Escrevia todos os dias, horas intermináveis, numa velocidade impressionante. Apesar de a música vocal não ser o centro do seu pensamento musical, Vivaldi compôs 47 óperas, e algumas árias se destacam pela simplicidade e pelo lirismo comovente. Vivaldi foi principalmente, genialmente, um compositor para instrumentos de concerto; escreveu 456 concertos. Para qualquer instrumento que lhe oferecesse a oportunidade para um bom solista, ele escreveu pelo menos um concerto: para bandolim, flautim, alaúde, 13 para oboé, 27 para violoncelo, 39 para fagote e, para o violino, o instrumento no qual era um virtuose, nada menos do que 223, além de 22 para dois violinos. Bem, a escolha de um concerto de solista de Bach é muito difícil, porque ele escreveu concertos magníficos. Separei este *Concerto para Teclado e Orquestra n.º 5*.

— Teclado? Que tipo de teclado?

— Nesta gravação, um piano. Mas poderia ser um cravo.

Václav pôs o disco para tocar; o diálogo entre o piano e a orquestra é bem claro. Eles se completam, como se um terminasse a frase que o outro começou, ou os dois dizendo o mesmo. A estrutura é de três movimentos, contrastando os andamentos rápidos com os lentos.

— Václav, que instrumentos tocaram com o piano no segundo movimento?

— Eram os instrumentos de cordas tocando no que se chama de *pizzicato*. Em vez de os músicos tocarem as cordas com o arco, eles tocam "beliscando" as cordas. Gostaram?

— É maravilhoso. Esse largo é muito impressionante. Parece que o piano está cantando.

— Isso mesmo. A senhora sabe que a música de Bach é toda vocal, mesmo quando ele escreve para instrumentos. É como se ele escrevesse tudo pensando como seria cantado.

— Václav, você gosta mais de Bach ou de Mozart?

— Leo, para que escolher se eu posso ter os dois?

VIDA DE ARTISTA

— Na época em que Johann Sebastian viveu, o sobrenome Bach, na Alemanha, tornou-se um adjetivo: se alguém fosse um músico excelente, dizia-se que era um "Bach". Ele pertencia a uma dinastia, uma sucessão de uns 40 grandes músicos. Beethoven fazia um trocadilho dizendo que o mestre não deveria se chamar Bach, "riacho", em alemão, mas *Meer*, que significa "mar". Já quiseram usar a família Bach como exemplo de que o talento musical é genético. O que não tem sentido; música não se transmite pelo sangue.

— Ah, Václav. Então qual é a explicação?

— Eu acho que a música, dona Cecília, como todas as artes, nasce da cultura, não da natureza. A cultura explica a natureza, não o contrário. A explicação está na história. Naquela época, os ofícios eram passados de geração em geração. Um carpinteiro ensinava o seu trabalho ao filho, que o ensinava ao seu filho e assim por diante. Se um menino ficava órfão, a oportunidade de ter uma vida melhor era trabalhar com um profissional que o aceitasse como aprendiz do ofício do seu mestre. Os Bach eram ótimos professores de música e souberam ensinar os descendentes. Quando morria um pai que deixasse um filho sem formação completa, um irmão mais velho a assumia. O próprio Johann Sebastian, que já ganhava uns trocados cantando em corais desde os 7 anos, ficou órfão de mãe e pai entre os 9 e os 10 anos de idade e teve como mestre seu irmão mais velho, Johann Christoph, professor de piano e compositor.

— Outro precoce!

— Isso mesmo, dona Cecília, como Mozart. Nas várias cidades por onde passou como organista, cravista, compositor, regente, professor em igrejas e de príncipes, suas obrigações implicavam apresentar obras inéditas quase toda semana, além das encomendas que recebia de outros lugares. Quando morreu, Bach era considerado um músico antiquado, ultrapassado, até ser redescoberto por Mendelssohn quase um século depois de sua morte. Não sabemos quantas de suas músicas se perderam. Obras importantíssimas, como as *Variações Goldberg*, só foram apresentadas ao público em 1933. Bach escreveu praticamente todo tipo de música que havia no seu tempo; a grande exceção foi a ópera. Mas o drama estava na música que ele escrevia. Suas maiores obras dramáticas são a *Paixão Segundo São João* e a *Paixão Segundo São Mateus*.

DRAMA SANTO

— Paixões de santos? Isso não está errado, não?

— Não, filho. É que a palavra paixão, além de indicar um sentimento, também significa morte, sacrifício.

— Neste caso, trata-se da morte de Cristo. Desde o início do cristianismo existe a tradição de recordar o martírio de Jesus com leituras dos textos de Mateus, Marcos, Lucas e João, os apóstolos evangelistas, que escreveram o Novo Testamento. Faz parte dessa tradição, por exemplo, a Via Sacra, celebrada em muitas cidades com uma procissão que passa por lugares onde ela é encenada.

— No Brasil essa tradição existe em muitos lugares, principalmente nas cidades históricas de Minas Gerais. É lindo, Václav.

— Quem sabe um dia não irei lá para assistir, Leo? Na época de Bach existiam muitas músicas escritas com as Paixões. Hoje, só as dele são executadas. Ele compôs aquelas duas, segundo João e Mateus, que foram criticadas por serem muito "operísticas". Isso desagradava aos que queriam uma música sacra menos emocional e menos artística; a música feita para o culto deveria ser contemplativa. Ao mesmo tempo, começaram a aparecer encenações teatrais das Paixões fora das igrejas.

Em Leipzig, onde Bach trabalhava naqueles anos, as autoridades religiosas exigiam que ele escrevesse conforme as regras estabelecidas. Mas o que está ali, inteiro e soberano, é Johann Sebastian Bach. A autoridade é a da sua arte. Tratava-se de um homem de fé e um homem do mundo. Gostava de cerveja, que várias vezes fez parte do seu pagamento, mas preferia vinho. Foi casado com duas mulheres, a quem amou muito, foi um pai exemplar de muitos filhos, morou em muitas cidades. Era carismático, forte, de espírito vulcânico e introspectivo. E míope. Para ele, amar a Deus era amar a vida, era amar o mundo que Ele criara. A música de Bach é como uma espiral, forma perfeita, vertiginosa e aberta, pela qual podemos descer aos mais profundos sentimentos humanos e nos elevar na direção de Deus. Para Johann

Sebastian, Deus e a humanidade, o Criador e suas criaturas, estão ligados amorosamente por essa linha que se desenrola sempre na direção do outro.

DEDO DE DEUS

— Para nos aproximarmos de Deus podemos ouvir Bach. Eu escolhi aqui um trecho do *Magnificat em Ré Maior*. São alguns minutos de música poderosa, de adoração religiosa e de encontro de cada um consigo mesmo. Se precisar confirmar que valemos a pena, que não estamos aqui apenas para passarmos, ouça Bach. Se você não crê, ouça Bach, mas também o ouça quando estiver certo de que Deus o abandonou e, certamente, quando quiser levitar acima da existência e olhar para Ele diretamente, dentro dos olhos d'Ele. Existem compositores de todas as épocas que nos contam a respeito dos homens e como era o deus em que acreditavam. Bach é um homem que pretende contar a Deus a respeito da humanidade precária e teimosa das nossas misérias cotidianas, dos nossos orgulhos insuportáveis, das nossas escolhas terríveis e ainda das nossas humanas possibilidades.

Quando Václav colocou o disco, a música que invadiu a sala nos tirou de lá — Bach nos levou para o meio da espiral que o meu amigo tinha descrito. Se Deus existe eu não sei, mas Johann Sebastian conversa com Ele.

BOA COMPANHIA

Fiquei tão entusiasmado com Bach que acabei não tocando os discos de seus contemporâneos que selecionei. O alemão Händel estudou na Itália e se consagrou na Inglaterra. Como Bach, era um homem do mundo, sempre viajando para descobrir e contratar as melhores vozes. Era famoso, vaidoso, competitivo, de hábitos sofisticados. Aprendeu na Itália tudo sobre ópera — escreveu 40 delas em 35 anos. Seu senso de drama era o de um homem de teatro, sempre lutando por estreias, gritando com cantores, apontando mudanças nos figurinos, reclamando de cenários, em meio a nuvens de pó de arroz e cheiro de tinta fresca.

Quando as plateias inglesas começaram a perder o interesse pela ópera italiana, Händel rapidamente passou a escrever oratórios em inglês — afinal, eles também seguiam a mesma estrutura de abertura, recitativo, coro e ária. Dos seus 26 oratórios, um nunca mais saiu do repertório — o *Messias*. Além do *Aleluia*, muito conhecido. Eu escolhi para ouvirmos o coral do *Glória*.

A música de Händel tem um impacto direto, mas é muito diferente da de Bach. Václav explica que Händel não dominava o contraponto elaborado do nosso amigo. Compunha a melodia e o acompanhamento harmônico, ou seja, feito de acordes. A harmonia dele, essa concepção vertical, uma nota sobre a outra, é que mais impressiona nesse compositor, um empreendedor sempre atrás de sucesso. O *Messias* foi escrito em 21 dias e é um exemplo da velocidade com que ele compunha. Suas últimas obras mostram que ele se tornara mais calmo, como se tivesse largado as armas da sua vida de conquistas.

DESPEDIDA

Tomamos o café da manhã juntos, conversando sobre como a cidade estava bonita na primavera. Tudo muito colorido e gente na rua até tarde da noite. Meu pai parecia tenso, estranho, mas conversou comigo sobre a escola, notas e riu bastante com a história de todo mundo se esconder nos fones de ouvido. Minha mãe nos olhava satisfeita. No prato à frente dela, os pedaços de fruta estavam desarrumados.

Quando eles foram me deixar na escola, minha mãe me deu um beijo ainda dentro do carro. Meu pai desceu do seu lugar no banco da frente e veio falar sozinho comigo.

— Você vai ficar bem?

— Com certeza.

— Tem dinheiro?

— Tenho, não se preocupe. Faça uma boa viagem. Tomara que tudo corra bem em Brasília.

— Vai dar tudo certo. Até domingo.

— Até.

Ele pousou a mão no meu ombro e achei que fosse me dar um abraço ou outro beijo na testa; apenas me estendeu a mão e eu correspondi. Devagar ele aprendia que se despedir antes de viajar não dói.

BATUTA

Ótimo o almoço, com salsichas e salada de batata. De sobremesa, sorvete. Eu me sentia animadíssimo para ir aos concertos que Václav estava reservando para nós. A abertura do Festival Internacional de Música Primavera de Praga ia ser histórica: o maestro Rafael Kubelík regendo *Má Vlast*, de Smetana. Mesmo com a enorme emoção que sentia, meu amigo não deixava de ter um critério para tudo. E Kubelík é o melhor compositor do mundo?

— Na arte não existe o melhor do mundo, Leo. Na música você pode preferir esse ou aquele maestro, intérprete, conjunto de rock, seja o que for. Isso fará desse artista o melhor para você. Para mim ele é um dos melhores regentes que existem desde o início das gravações, já que não posso compará-lo com quem não foi gravado, que não posso ouvir. Mas o que mais admiro nele é o caráter.

— É por isso que o receberam daquela maneira?

— Exatamente. Rafael é filho de uma família de músicos. Sua estreia com a Filarmônica Tcheca foi aos 20 anos, dirigindo uma obra de sua autoria e tendo o pai, um grande violinista, como solista. Logo depois se tornou maestro permanente da orquestra em Praga e começaram os convites para viver nos Estados Unidos, que ele recusou. Durante a ocupação nazista, Rafael apoiou clandestinamente a Resistência, apesar dos riscos para uma celebridade como ele. Quando a guerra terminou, regeu um concerto na Praça da Cidade Velha para uma multidão emocionada, também com *Má Vlast*.

— Você esteve lá, Václav, naquele concerto?

— Estive sim, Leo. Nunca mais me esquecerei. O maestro realizou uma porção de coisas importantes para a nossa música. Mas teve problemas com os comunistas, que assumiram o poder em 1948 e logo instalaram aqui uma ditadura. Rafael escolheu viver no exílio e precisou fugir em um voo secreto. Na hora de embarcar, ele entregou a um amigo a sua batuta, aquela varinha que os maestros usam para reger. Explicou que deixava o país para proteger a nação. O país, que é o território, os bens materiais, o poder político, tudo isso podia ser tomado pelos nazistas ou pelos comunistas. Mas a nação é a alma do país; é feita de gente, de valores, de memórias, de desejos, e isso precisava e precisa ser protegido, mesmo de longe. Alguém devia lembrar sempre que essa alma existia e um dia seria outra vez libertada. Kubelík disse ao amigo que guardasse aquela batuta como símbolo de que a nação tcheca estava protegida. Um dia eles voltariam a se encontrar em Praga, quando a nação reencontrasse o país, e os dois se abraçariam e a batuta seria devolvida. E partiu.

— Caramba, Václav. Que coragem! E quem é esse amigo?

— Nunca se descobriu. A história se espalhou e os comunistas nunca pararam de caçar por todo o canto a tal batuta, que realmente se tornou um símbolo da nação e da sua liberdade. Em 1968, quando houve a invasão soviética, Kubelík organizou o boicote de 150 dos mais importantes músicos internacionais contra o bloco dos países comunistas. No mesmo ano, ele foi ao encontro da Filarmônica Tcheca no Festival de Lucerna, na Suíça. Entregou a cada músico uma medalha comemorativa dos 50 anos de fundação da Tchecoslováquia. Lá, voltou a se encontrar com o amigo a quem tinha confiado a batuta. Todos souberam então que era o líder da orquestra, o *spalla*, aquele primeiro violinista sentado bem à esquerda do maestro, que, quando entra para reger, o cumprimenta como se cumprimentasse toda a orquestra. Quando voltaram para Praga, as medalhas foram confiscadas. A ordem era prender o *spalla*. Por uma falha da segurança, ele conseguiu escapar e se escondeu. Os comunistas nunca permitiram que ele fugisse, mas quem lhe deu refúgio também nunca o entregou. Rafael Kubelík passou mais de 40 anos no exílio. Sempre tentaram trazê-lo de volta. Cada vez que os comunistas faziam um convite para que regesse aqui, ele respondia que aceitava; bastava que libertassem os presos políticos. Agora Kubelík voltou e o amigo dele deve começar a circular por aí, depois de 20 anos isolado.

— Que horror! O amigo do maestro deve ter perdido tudo!

— A família dele mudou-se para o interior por medo de ser perseguida. Nunca mais se falaram. E durante todo esse tempo Kubelík fez música: foi diretor musical da Sinfônica de Chicago, da Royal Opera, em Londres, da Sinfônica da Rádio Bávara, em Munique, da Metropolitan Opera, em Nova York.

— Bárbaro, Václav! A turma da Confraria nem vai acreditar quando eu contar. Ele só vai reger essa música?

— E já é mais que suficiente. A obra de Smetana compõe-se de nada menos que seis poemas sinfônicos, os quais lembram lugares e cenas do país ao longo do Rio Moldava. O autor não descreve nada porque já sabemos que colocar música para descrever alguma coisa é matar a música. O que lhe interessa são as suas recordações desses lugares. Smetana queria valorizar os ideais tchecos, participando do empenho de artistas e intelectuais pela afirmação da nossa nacionalidade. Por isso essa música, principalmente o tema central do segundo poema, *Moldava*, é como um hino para nós. Mas domingo à noite vamos ouvir Mozart, sua *Sinfonia n.º 38*, que tem o nome de *Praga*, e dois concertos para piano e orquestra, o *n.º 21* e o *n.º 27*.

— Nós ainda não ouvimos sinfonias, não é?

— Ainda não. Mas podemos começar a nos preparar.

SONATA

Passei a tarde escrevendo para a turma, contando a vida aqui, que a primavera tinha chegado e eu achava Praga cada vez mais bonita. Avisei a Václav que não queria jantar. Topei comer a omelete com salada que ele propôs insistentemente. Quando desci para a sala de estar, Václav estava numa acalorada e incompreensível discussão com o seu amigo cozinheiro, chamado Jan, mas se diz "*iáne*". Pelo que reparei, eles separavam as pilhas de discos que deveriam voltar para o quarto do mordomo e o que ficaria ali para ouvirmos. Enquanto Václav não parava de falar, Jan olhava pra mim, pro teto, soprava, bufava, e eu ficava esperando que ele dissesse a frase da Helena: "Deus meu de misericórdia! Dai-me paciência!"

Václav me fez um sinal de que voltaria logo e saíram os dois carregando os discos e falando sem parar. Quando voltaram, Václav veio me dizer que o cozinheiro queria ouvir música conosco. Eu achei ótimo, mas negociei minha condição bem devagar para ele poder entender em português:

— Sem feijão até domingo.

Ele abriu um sorriso enorme no rosto cor-de-rosa e redondo.

— Ótima! Ótima!

— Fechado?

— Fechada.

— Bom acordo?

— Acordo muito boa.

— Leo, para de provocar. Ele vai se aposentar sem acertar feminino e masculino.

— Você é bom cozinheiro.

— Eu ótima cozinheiro.

— Você gosta de música?

— Eu gostar música muito.

— Leo, por favor.

— Tá bom, tá bom. Não se pode mais nem fazer uma maldade de nada nesta casa. Como é que eu consigo me divertir assim? Então, vamos ouvir as sinfonias?

— Vamos conversar antes de ouvi-las. Está disposto?

— Está com disposição para ouvir música, cozinheiro?

— Cozinheiro disposta muito.

— Que bom. Vamos lá, Václav. Por onde começamos?

— Começamos lembrando que os compositores estavam sempre reforçando a tonalidade em que compunham.

— Mas você não disse que eles modulavam, que mudavam de tonalidade o tempo todo?

— Mudavam, sim. Mas a mudança era feita sempre reforçando cada uma das tonalidades. Os compositores utilizavam tudo que podiam para reforçá-las. Aqueles contrastes entre os andamentos rápidos e lentos, entre os modos maior e menor, entre as intensidades mais fortes e mais fracas, agora também tinham de ser trabalhadas a cada vez de modo a reforçar a tonalidade. Quanto à forma musical, o desafio era dar clareza ainda maior ao discurso musical, à maneira como fluíam as ideias. A melhor solução apareceu com a sonata. Era pensada como um *concerto grosso*, principalmente os de Giovanni Gabrieli, que fizeram tanto sucesso, porém escrita para poucos instrumentos. Também tinha três movimentos — um rápido, um lento, outro rápido — e contava com um instrumento solista agudo, na maioria das vezes o violino, que dialogava, desafiava o grupo maior de instrumentos, agora representado por um instrumento de teclado, como o cravo. Mas a principal característica da sonata era explorar com grande perfeição, ao longo da música, os contrastes internos tanto dos temas quanto das variações que se faziam sobre eles. Tratava-se de um esquema simples, muito parecido com o que tradicionalmente se usa para contar uma história: princípio, meio e fim. No primeiro movimento aparecem duas ideias musicais, cada uma em uma tonalidade. O compositor mostra sua primeira ideia, sempre reforçando bem a tonalidade que escolheu; em seguida, apresenta a sua segunda ideia, também destacando a tonalidade. Depois, faz variações sobre elas, como se cada uma argumentasse, como se discutissem. No final, elas se juntam para a conclusão. Naquela primeira parte acontecia ainda de o compositor decidir apresentar não duas ideias, e sim a mesma ideia vista de ângulos diferentes, o que talvez seja até mais interessante. Essas três partes parecem ter o mesmo esquema de uma história num livro, num filme ou numa peça de teatro: primeiro, a apresentação dos personagens; depois, os seus conflitos; no final, a solução desses conflitos. A sonata funcionava tão bem que acabou reservando tudo isso apenas ao instrumento de teclado. Agora, podia ser tocada por uma só pessoa. Fez tanto sucesso que o compositor italiano Domenico Scarlatti escreveu 550 delas para o cravo.

— Continuavam tocando alaúde nessa época?

— Sim, mas ele estava deixando de ser o instrumento ideal, sobretudo porque se queria mais sonoridade, poder tocar para mais pessoas ou com instrumentos junto dos quais o som do alaúde era baixo. A primeira solução foi aperfeiçoar o cravo e outros instrumentos de teclado para que eles se tornassem mais leves e sonoros. Mas havia uma coisa que, apesar das melhorias, os músicos não conseguiam com facilidade: tocar *forte* e *piano*. E essa era uma exigência cada vez maior naqueles tempos. A solução surgiu no ateliê de Bartolomeo Cristofori, construtor de cravos de Florença, na Itália. O novo instrumento tinha o mesmo formato do cravo, mas continha uma revolução tecnológica. No cravo o som é produzido por palhetas que pinçam a corda quando se aciona uma tecla, como se ao dedilhar o violão. O que Cristofori inventou foi um sistema de alavancas que, quando se pressiona uma tecla, aciona um pequeno martelo que bate na corda; o mesmo mecanismo afasta da corda um abafador, permitindo que ela vibre e produza um som bem mais volumoso. Ou seja, acionando a tecla com mais ou menos força, o martelo bate na corda com a força usada e o som sai mais *forte* ou mais *piano*, ou qualquer gradação entre essas. Estava inventado o *fortepiano*, também chamado *pianoforte*, que depois se chamaria apenas *piano*.

— Então o cravo e o piano são completamente diferentes.

— Eles só se parecem no formato, por causa da cauda e do teclado. Mas são diferentes em tudo mais e não é correto pensar, como acontece, que o piano se originou do cravo. Outros fabricantes de cravos e de órgãos começaram a investir na nova invenção, desenvolvendo instrumentos cada vez melhores. E as novas gerações de compositores passaram a se interessar e escrever mais para piano. Carl Philipp Emanuel Bach, filho de Johann Sebastian, compôs bastante para o novo instrumento, mas o cravo só deixou o cenário muito depois. Beethoven já não escreveu para ele, e o primeiro antes dele a compor ótimas obras para piano foi o nosso amigo Mozart.

— Ele escreveu sonatas para piano?

— Para piano, piano a quatro mãos, dois pianos, piano e violino. No total, mais de 70. Mas, antes de voltar a Mozart, quero apresentar a você outro mestre: Joseph Haydn.

TRABALHO DEMAIS

Na poltrona do canto mais escuro da sala, que sem dúvida escolheu a dedo, Jan cochilava com um sorriso no rosto, talvez imaginando que assim disfarçasse. Ou por pura felicidade.

— Já sei, você vai dizer que esse Haydn escreveu duas mil sonatas em seis meses.

— Claro que não. Mas o que ele realizou é quase isso. Franz Joseph Haydn não era filho de músicos, como Bach e Mozart. Seu pai, Mathias, construía e consertava rodas de madeira; sua mãe, Maria, havia sido cozinheira do conde Harrach, o senhor de Rohrau, onde Franz Joseph nasceu. O pai gostava de acompanhar o canto da mulher e dos filhos tocando uma harpa pequena. O garoto Joseph começou a aprender um pouco de música com o primo Johann Matthias Frankh, o suficiente para se tornar, aos 7 anos, cantor do coro da Catedral de Santo Estêvão, em Viena. Como acontece com todo adolescente, sua voz mudou e ele teve de sair do coral. Um amigo de seu pai lhe deu uma ajuda financeira para que pudesse estudar e morar em um quartinho no mesmo edifício do poeta e libretista italiano Pietro Metastasio. Esse novo amigo o indicou para professor de música dos filhos de uma família espanhola e para acompanhar os estudantes do professor de canto Niccolò Porpora, que, em troca, lhe deu algumas aulas. Mas Joseph Haydn foi essencialmente um autodidata disciplinado, estudioso dos principais tratados de música da época, e logo estava compondo. A primeira oportunidade surgiu com o convite para escrever a música da comédia *O Diabo Coxo*. Haydn o aproveitou e conquistou o seu primeiro sucesso. A condessa

Maria Wilhelmine von Thun o contratou como cravista e professor de canto; um amigo dela, von Fürnburg, encomendou ao compositor os seus primeiros quartetos de cordas.

— O que é um quarteto de cordas?

— É um conjunto formado por dois violinos, uma viola e um violoncelo. Essa formação surgiu devagar, principalmente pela falta de repertório. Os músicos dependiam de adaptações, nem sempre bem-feitas. Por isso, começaram a aparecer as encomendas que interessavam muito a Haydn. Algum tempo depois, em 1759, ele conseguiu seu primeiro emprego fixo de *Kapellmeister*, ou seja, mestre de capela, cargo ocupado pelo chefe das atividades musicais, no castelo do conde Karl Joseph von Morzin. Suas obrigações abrangiam escrever música para os jantares, peças de câmara para entreter os convidados e uma ou outra obra para orquestra. Mas o conde estava empobrecendo e precisou dispensar os serviços dos seus músicos. Foi assim que apareceu a grande oportunidade de Haydn. O príncipe Paul Anton Esterházy, um dos mais ricos e poderosos nobres da Hungria, tinha ouvido uma sinfonia de Haydn e lhe propôs um contrato para ser o segundo mestre de capela do seu castelo, ao lado de Gregorius Werner. Entre suas incumbências constavam a conservação dos instrumentos, a contratação de músicos, os ensaios de coro e orquestra e a composição de toda música que não fosse para as cerimônias religiosas, responsabilidade exclusiva de Werner. O contrato entre o humilde empregado e seu rico senhor era típico da época. Haydn recebia ordens duas vezes ao dia e devia estar sempre uniformizado. Comia as refeições com os outros músicos e empregados, mas tinha um emprego seguro e liberdade artística — tudo que ele desejava. Com a morte do príncipe Anton, o sucessor foi seu irmão Nicolas, logo apelidado de Magnífico pela riqueza dos espetáculos que promovia. Nicolas concluiu que o castelo de Eisenstadt ficara pequeno e mandou construir um muito maior e luxuoso na linda planície húngara. A nova propriedade, batizada de Eszterháza, ficou pronta em 1766. Nesse ano Werner morreu, e Haydn assumiu o posto de principal mestre de capela. Ele e seus músicos só se mudaram para o castelo três anos depois, e suas obrigações eram exaustivas. Toda semana havia duas apresentações de ópera e dois concertos. Em uma temporada de 11 meses houve 242 apresentações.

— Isso deve ser mais do que escrever duas mil sonatas, Václav.

— Para nós é quase impossível imaginar o que isso significa. Mas Haydn adorava o príncipe Nicolas e sua única reclamação era nunca ter tempo de viajar para fora de Viena, Praga, Budapeste e, desse modo, não saber o que acontecia pelo mundo. Por outro lado, ele usufruía muitas vantagens. Esse isolamento lhe permitiu distanciar-se das influências de outros compositores e das imposições dos modismos musicais. Tinha ao seu dispor uma orquestra completa, formada por músicos excelentes. Assim, Haydn sabia se o que compunha funcionava ou não, se estava como queria. Também devia gerir os músicos e os cantores que trabalhavam com ele, além dos contratados ocasionalmente. Isso significava ouvir reclamações e comandar artistas frequentemente exaustos. Na *Sinfonia n.º 45*, dita *Do Adeus*, Haydn levou os músicos a deixar o palco um por um, até restarem apenas o regente e um violinista, que terminaram a obra sozinhos.

— Por que isso?

— Existem duas versões. Uma é que ele queria mostrar ao príncipe que seus músicos ameaçavam ir embora por causa da estafa de uma temporada que nunca terminava. A outra, que o príncipe teria ameaçado demitir toda a orquestra e Haydn quis mostrar-lhe a infelicidade dessa decisão.

Parece que funcionou. O príncipe também gostava de tocar viola da gamba, o que exigia mais trabalho de Haydn.

DIALÉTICA?

— Viola da gamba?

— Exatamente, Leo. *Viola da gamba*, em italiano, significa "viola de perna", ou seja, uma viola que se toca presa entre as pernas. Dela se originou o violoncelo. Era chamada assim para ser diferente da *viola da braccio*, que significa "viola de braço", parente do violino e da viola moderna. Essa predileção acabou resultando em 175 peças para *viola da gamba*. Mas não foi só. Nicolas adorava os instrumentos de cordas e queria ter um repertório extenso para os seus convidados que pudesse ser executado a qualquer momento por alguns deles. Haydn aproveitou essa situação para desenvolver aquela forma que ele não inventou, mas fez brilhar e florescer.

— Os quartetos de corda.

— Exatamente. Haydn escreveu 83, consagrando a forma que até hoje desafia e encanta os compositores. Trabalhou com a mesma forma das suas sinfonias — aos três movimentos acrescentou uma dança, em geral um minueto. Haydn deu à expressão dos sentimentos uma força, uma profundidade que antes não havia. Ele se aproxima dos filósofos na maneira de debater as ideias para chegar à verdade e entender que, mesmo quando elas são coerentes, podem ser discutidas. Os filósofos chamavam esses processos de dialética. Foi isso que Haydn fez com as ideias musicais: dialética. Vamos ouvir o primeiro dos seis quartetos *Opus 76*, publicados em 1799, obra de um Haydn maduro, já livre do contrato com a dinastia dos príncipes.

Três acordes seguidos e fortes quase derrubam da poltrona o cozinheiro, que logo se ajeita, sorri e diz alguma coisa sussurrada para Václav, que traduz para mim, bem baixinho.

— Finalmente...

Há uma discussão entre os instrumentos! Mas o mais incrível é como quatro instrumentos conseguem produzir tanto som. Sonoridades, provocações, alegria, que parecem se desfiar de uma mesma ideia, um mesmo tema musical. O cozinheiro sorri, mas agora de olhos bem abertos. O final é cheio de entusiasmo e nós três aplaudimos. Jan se levanta bocejando e a proposta geral é continuarmos no dia seguinte à tarde.

— Eu chegar depois. Václav vai demorar mais uma dia inteira. Como falar essa mordomo!

ORIGINAL

— Václav, Haydn escreveu 45 sinfonias, mais ainda do que as 41 de Mozart?

— Não, Leo. Ele compôs 104 sinfonias, mais duas na juventude que ele não incluiu na lista.

— Ao mesmo tempo que tinha que fazer aquilo tudo? Isso parece uma mania. Não pode fazer bem à saúde. Não é normal.

— Não, não é normal, no sentido de comum. Por isso é que só temos um Haydn. Mas as sinfonias eram uma mania para muito mais gente — na segunda metade do século XVIII foram compostas 15 mil.

— E pelo visto foi Haydn quem inventou as sinfonias.

— Não. Elas começaram a surgir na cidade de Mannheim, na Alemanha. Ali, em 1743, o jovem príncipe e músico apaixonado Carl Theodor chegou ao trono e usou o seu dinheiro e o seu poder para montar uma orquestra. Não apenas mais uma, mas a melhor orquestra com que um músico pudesse sonhar. O sonho começou a se realizar em 1745, quando Johann Stamitz recebeu a tarefa de criar e dirigir a orquestra; na verdade ele se chamava Jan Stamic, nascido na Boêmia, ou seja, um tcheco como eu. Stamitz era um violinista virtuose, capaz de tocar qualquer instrumento de cordas. Escreveu 74 sinfonias e centenas de obras de câmara. Como se não fosse suficiente, criou a melhor orquestra da Europa ao mesmo tempo que revolucionava a música instrumental. Ele foi o primeiro a usar os efeitos de crescendo e decrescendo na música orquestral. E isso não foi simples: não bastava dar ordens aos músicos e pronto, todo mundo fazia todas as dinâmicas.

— Dinâmicas?

— Desculpe. Dinâmica é como os músicos chamam todas as possibilidades de usar as intensidades do som. Era preciso desenvolver a técnica e saber como realizá-la em grandes conjuntos. Stamitz conseguiu que o príncipe Carl Theodor patrocinasse a contratação dos melhores músicos que existiam por toda a Europa e formasse o que ficou conhecido como "a orquestra de generais": ali estavam os melhores. No início, em 1745, eram 48 músicos, dois anos depois, 61, número muito alto para os padrões da época, pois os teatros líricos tinham espaço para orquestras de apenas 20 músicos. Em 1777, a orquestra de Mannheim contava com mais de 90 músicos, a quantidade de uma orquestra sinfônica atual. Essas mudanças em Mannheim entusiasmaram Haydn. Embora sozinho em Eszterháza, estava sempre atento ao que acontecia pelo mundo. Mas o que o mundo consagrou e chamou de sinfonia veio do modelo criado por ele.

— Parecido com o dos quartetos de cordas?

— Basicamente, os quartetos de Haydn são sinfonias para dois violinos, viola e violoncelo. Haydn dizia que a sua solidão nas planícies da Hungria tinha dado a ele mais que um bom salário e condições de trabalho: "Fui forçado a ser original".

O cozinheiro entrou carregando uma bandeja enorme, onde havia um prato com uma pilha de panquecas e vários potes de geleia, manteiga, mel, fatias de presunto grelhadas. Fiquei feliz em ver que os meus amigos tinham entendido que eu pretendia transformar aqueles dias sem pai e sem mãe em lanches e guloseimas sem horários muito fixos.

— Eu chegar bem no hora da música?

— Vamos ouvir a *Sinfonia n.º 104* de Haydn. A última, que ficou conhecida como *Londres*. E "hora" é feminino, é "a hora". Ensino há dez anos e ele não aprende.

Jan deu uma gargalhada sacudida e ficou ainda mais vermelho. Václav olhou pra ele com cara de quem não gostou e ele levantou as duas mãos, sem parar de rir, se desculpando:

— *Perdona, perdona* cozinheiro idioto.

— Idiota.

— Cozinheiro ser homem masculino. Idioto.

— É melhor ouvir logo a nossa sinfonia pra ver se ele cala a boca.

— Eu ir calar o boca.

Václav torceu a cabeça e olhou para o chão em busca de paciência. Explicou que aquela última sinfonia tinha esse nome em homenagem à cidade que acolheu e consagrou Haydn. Quando Nicolas, o Magnífico, morreu, seu filho não queria ter mais tanta música no castelo, e então o compositor passou a receber uma espécie de aposentadoria; um reconhecimento merecido. Começou a aceitar mais encomendas de todas as partes, o que uma revisão do contrato já permitia. Reagia com surpresa à fama que não sabia como conquistara, depois de tantos anos distante do mundo. Suas obras eram publicadas e seu sucesso era tão grande que falsificavam Haydn. Parecia que suas 104 sinfonias não satisfaziam: havia outras 150, falsas, à venda. Escreveu oratórios, como *As Últimas Sete Palavras do Salvador na Cruz*, encomendado pelo cônego de Cádiz, na Espanha; tornou-se amigo de Mozart; fez duas viagens consagradoras a Londres. Na volta, conheceu o jovem Beethoven, que estudaria com ele durante um ano. Para sua surpresa, pouco tempo depois o filho de Nicolas, Paul Anton, também morreu, e o filho deste, Nicolas II, resolveu que, além do nome do avô, daria ao castelo a mesma qualidade musical de antes. Haydn foi recontratado para servir à quarta geração dos Esterházy, agora com menos responsabilidades. Passava apenas o verão no castelo e cumpria a sua obrigação de escrever uma missa por ano. São dessa época as seis missas, o *Concerto para Trompete*, várias séries de quartetos e os dois oratórios que mudaram esse tipo de poema musical para sempre: *A Criação* e *As Estações*. Com as missas, eles formam um conjunto de composições de Haydn equivalentes às óperas de Mozart.

Viveu feliz os seus últimos anos de vida. Viu a sua dedicação recompensada com sucesso e liberdade artística, reconhecimento e prestígio social. As encomendas e a venda de partituras o enriqueceram — a independência sonhada por Mozart já era possível poucos anos depois de sua morte. Haydn se apresentava com frequência, várias vezes com Beethoven. Sua última aparição pública foi em Viena, no dia 27 de março de 1808, em uma apresentação do seu oratório *A Criação*, regido por Antonio Salieri, ele mesmo. Na saída se encontrou com Beethoven, que lhe beijou as mãos. Haydn sorriu, agradeceu e foi para casa, onde morreu pouco tempo depois.

Ouvimos e discutimos a sinfonia. Fiquei surpreso ao verificar como era fácil identificar as características, pelo menos algumas, que Václav tinha me explicado antes de ouvir. Preciso aprender a reconhecer os instrumentos, mas já é maravilhoso ouvir Haydn começando a entender o que ele está fazendo, como nos conduz por ideias feitas de música.

Fui dormir feliz. Sonhei que Helena me pegava pelas mãos e rodávamos juntos, cada vez mais rápido, jogando o corpo para trás, e ela me dizia com seu sorriso mais escancarado: "Isso é que é corrupio, Leo. Foi assim que seu avô me levou para o céu".

PERDENDO O MEDO, PERDENDO O MEDO, PERDENDO O MEDO

Pronto, eu juro, vou conseguir. Elas não sabem mesmo o que eu tenho dentro da cabeça. E se souberem? Não, claro que não, não sabem coisa nenhuma, nada, zero, vazio, rosca. Então eu vou encarar a primeira que passar, que ficar no ângulo, ali, sentadinha, no jeito, e eu aqui, malandro, só olhando fixo, seguro, parado, sem piscar. Aí ela vai fingir que nem está vendo, que está fazendo outra coisa, e é aí que a porca torce o rabo e este macaco velho espreita, paciente, que o olhar dela olhe o meu, rapidinho, ligeiro — e aí, sem tirar leite de pato, sem tricotar minhocas, ponho meu burro na sombra e espero a vaca ir pro brejo.

Quanta bobagem, quanta mentira. Estou eu aqui sozinho dentro dos velhos *headphones* de sempre, olhando essa mesa vazia na minha frente. Opa! Sentou uma bonitinha ali. Opa. Vou testar meu autocontrole é com essa mesmo. Bonitinha não é não, mas serve de teste. Que maldade... que maldade... Quinze anos e já um crápula completo, acabado. Estou olhando, continuo olhando, olhando e... Ela levantou e saiu andando para o outro lado. Mas eu olhei, olhei sem desviar. Corajoso pra caramba. Vou aprender e quero ver como é que vai ser agora. Todas elas sofrendo, chorando, lágrimas de esguicho, todas elas, por minha causa, vão ver só — estão pensando o quê? Mais uma. Pronto. Bonitinha. Já me viu. Estou olhando, olhando, e ela está lendo, mascando chiclete como se isso desse a maior personalidade, já não gostei, bobalhona, mas estou olhando, pronto: fez aquela carinha de nojo e foi embora.

Um sucesso. Estou conseguindo manter a mesa em frente vazia. Mas é o primeiro dia; é assim mesmo. Pronto, outra. Uau, uma japonesa linda! Nada como uma nipônica delicada para ser dominada aqui pelo meu olhar latino. Pronto, encarei. Estou encarando. Continuo a encarar, soberano. Ela olhou. Ela olhou e está olhando. E agora o que é que eu faço com essa desgraça dessa japonesinha me olhando? Ela riu! Ela riu! Eu não aguento.

Levantei e fui embora. Idiota. Não perde uma chance de fazer papel de palhaço. Infeliz. Não encara nem espelho. Legume.

ESTA CIDADE

Passei o resto do dia vendo televisão. Não entendia patavina e era exatamente o que eu queria. Televisão pode ser uma ótima máquina de lavar cérebro. Você está cansado? Não consegue conciliar o sono? Está até a testa de entulho? Ora, meu amigo! Ligue a tevê! Há sempre um péssimo programa, uma novela piegas e sem medo de ser ridícula e mais uma porção de atrações para tirar tudo, qualquer coisa que você tenha dentro da cabeça. Ligue já e esqueça. Mude o canal e não pense. Preste atenção e durma já. Televisão cura você de você mesmo. E era precisamente isso que eu queria.

— Não adianta, Václav. Estou infeliz, desesperado! Uma japonesinha deste tamanhinho, uma coisinha, me olhou, riu pra mim e eu fugi. Fugi, Václav. Isso é uma vergonha, a derrota. Amanhã vou estar exposto ao ridículo, à galhofa. E eu mereço. Será que tenho mesmo que voltar até lá? E se eu ficar doente, muito mal, um longo tratamento? Não seria melhor?

— Acho que o melhor é você não fazer drama. Você é tímido, só isso.

— Tímido? Eu não sou tímido. Eu sou é fraco, eu sou pouco, eu não sou nada, de verdade.

— Por que você não fala com ela amanhã? Finja que não viu, estava distraído e pronto.

— Mesmo? Será? Não, ela me entregou e todo mundo já sabe que eu sou um idiota covarde que tem medo do olhar e do sorriso de uma japonesinha delicada e linda.

— Eu acho que tenho uma ideia melhor do que ficar aí sofrendo.

— Gim? Vamos beber gim até derreter?

— Vamos ouvir Mozart. A sinfonia do concerto de domingo.

— Ótimo. Talvez Mozart me compreenda.

— Mozart compreende tudo, meu amigo. Como conversamos, ele estava tendo mais dificuldades em Viena. Mas não podemos ser injustos com a cidade; Mozart teve problemas em qualquer lado. Por ser menino prodígio, todos queriam conhecê-lo; por ser curiosidade musical, todos queriam ouvi-lo. Mas ninguém queria por perto um gênio que exigia independência e tinha uma língua afiada do ponto de vista da etiqueta das cortes. Tendo sido um cidadão do mundo, um cosmopolita sofisticado, ele também foi o mais rejeitado dos compositores. Paris não percebeu quem ele era; Salzburgo tentou domá-lo; Viena o adorava num momento e o esquecia em seguida. Mozart poderia ter triunfado em Londres, em Milão, Roma, Amsterdã, em dezenas de grandes cidades europeias. Não teve a sorte de Haydn nem o equilíbrio desse compositor para conquistar o sucesso passo a passo. Mais que tudo, nosso amigo morreu cedo demais. Em pouco tempo as dificuldades dele poderiam ter sido resolvidas: o setor editorial cada vez mais forte, os teatros líricos populares se multiplicando, a burguesia consumindo cada vez mais óperas, concertos e recitais. Mas uma cidade, uma única, por todo o tempo da sua vida, adorou Mozart e o acolheu com admiração e com as orquestras que ele preferia.

— Praga?

— Exatamente, Leo. Praga, esta cidade que adora música. A ópera de Mozart *As Bodas de Fígaro* teve apenas nove apresentações em Viena. Sabe por quê? Porque aquela era a capital do Sacro Império Romano-Germânico, e a peça de Beaumarchais *O Barbeiro de Sevilha*, que Rossini transformou em ópera, e essas *Bodas* podiam ser consideradas republicanas, ou seja, contrárias aos monarcas e às suas cortes. Praga adorou *As Bodas de Fígaro*, e Mozart, quando veio para a estreia, escreveu que por aqui só se falava, cantava, assobiava o *Fígaro*. Aqui ele estreou *Don Giovanni* e também *A Flauta Mágica*. Quando promoveu em Praga um concerto de obras suas, em janeiro de 1784, Mozart escreveu especialmente para a ocasião essa sua *Sinfonia n.º 38*, a qual denominou de *Sinfonia de Praga*. O sucesso foi tanto que o público só parou de aplaudir quando Mozart se sentou ao piano para improvisar. E ele mereceu. Essa é a primeira grande sinfonia da sua maturidade, a obra-prima com que ele anuncia que, se por um lado nunca deixou de ser menino, na música nunca parou de crescer e não pararia até o fim. Além disso, desse ciclo final, ela é a única com três movimentos, sem o minueto. Vamos ouvi-la logo porque você vai perceber tudo que vai acontecer.

O início é lento e dramático e logo fica claro que se trata de Mozart, pela naturalidade com que se sucedem a tristeza, o mistério, a serenidade, algum otimismo. Como sempre, nada é apenas uma coisa. Está claro o uso que ele faz dos instrumentos e dos seus grupos — uma mesma ideia pode ter seus argumentos defendidos com mudanças de ritmo, de tonalidade, mas também de instrumento. A partir daí, apresentados os argumentos, os instrumentos de pensar, ele não nos deixa alternativa alguma: conduz até o final, estamos rendidos em suas mãos, seu poder é total. Nos movimentos lentos, é como se Mozart avisasse: "Descanse, relaxe, porque logo ali vou acabar com o seu sossego". Quando começa o *presto*, Václav me confirma com uma careta que essa é a mais difícil sinfonia que Mozart escreveu. Quando acabou, aplaudimos felizes. Aprendi que Mozart compreendia mesmo qualquer coisa e depois explicava como as coisas são. Com música.

DIPLOMACIA

Durante o café, Václav leu para mim a programação daquela semana do Festival Primavera de Praga; estava escrito em tcheco e eu não entenderia nada. Eram óperas, concertos e recitais que, ele me explicou, são apresentações de solistas. Este ano a grande atração é a volta de Rafael Kubelík e Mozart, muito Mozart.

— Você já viu *Don Giovanni*. Domingo vamos ouvir a sinfonia e o concerto para piano. Não seria melhor ouvir outros compositores?

— Não foi você quem disse que não precisava ter pressa? Eu quero ver se identifico no Mozart as coisas de que você falou, que foi fácil ouvir no Haydn. Nós vamos à ópera outra vez?

— Depende de você. Tenho aqui esta fita com a ária "Canção para a Lua", da ópera *Russalka*, de Antonín Dvořák, um dos nossos grandes compositores do período romântico. É linda, apesar de um pouco triste. Mas também podemos ir ver *A Flauta Mágica*. Não vai se cansar de ouvir Mozart?

— Acho que nunca mais, Václav.

Na escola, no intervalo entre as aulas, enquanto eu comia um sanduíche, a japonesinha sentou bem ao meu lado na cantina. Parecia uma boneca solitária e delicada, precisando desesperadamente viver a inesquecível experiência de conhecer a atenção de um sujeito dedicado como eu. O melhor que consegui foi sentir minhas orelhas se mexendo e esquentando, ao mesmo tempo que batia os pés no ritmo do *Allegro assai* da *So-*

nata em Fá Maior, que Václav me emprestou, tocando dentro dos meus fones. Eu devia estar me sacudindo todo, balançando a mesa, sei lá, alguma coisa que foi bem ridícula e grotesca para fazê-la olhar para mim, sorrir e dizer algo que não entendi.

— O quê?

Ela fez um gesto para que eu tirasse os *headphones* quando um monte de gente em volta olhava o palhaço aqui, que tinha acabado de falar alto demais.

— Mozart. Eu disse que também o acho maravilhoso.

— Eu também acho Mozart maravilhoso.

Consegui a façanha de dizer cinco palavras repetindo todas as que ela tinha acabado de dizer, das quais não se arrancava nenhuma ideia. Um fenômeno. Quem sabe ela insistiria?

— De onde você é?

— Do Brasil. Você é japonesa, não é?

— Não, sou coreana.

Se eu calasse a boca, quem sabe ela se apaixonaria por mim?

— Claro, claro. Maravilhosa a Coreia.

— Você conhece?

— Muito.

— Você já foi à Coreia?

— Não, nunca.

Estava melhorando rápido...

— É que meu avô era diplomata e serviu no seu país.

— Na Coreia do Norte?

— Não, na Coreia do Sul.

— A Coreia do Sul é nossa inimiga, armada pelos porcos imperialistas. Seu pai é diplomata?

— Também. A família toda. Acho que eu serei a primeira geração sem diplomacia.

— Meu pai é diplomata e eu também quero ser diplomata.

— Que bárbaro!

— Seu nome é Liopôdo, não é?

— Quase isso. Mas pode me chamar de Leo. E o seu nome?

— Lisa.

— Lisa, um lindo nome coreano.

— Bom, eu vim aqui para dizer uma coisa para você.

— Mesmo? O que é?

— Está vendo aquela menina de vermelho lá no canto da esquerda? Ao lado da lourinha de cabelo curto.

— Claro, estou vendo. Eu vi. De vermelho. Lá no canto esquerdo.

— Foi o que eu disse.

— Exatamente, Lisa, foi o que você disse. Esquece, por favor. O que tem a menina?

— É minha amiga e eu acho que você devia falar com ela.

— Claro, claro. Mas... por quê?

— Porque ela é linda, inteligente, maravilhosa, alegre, adora Mozart e pode ser que o deus em que ela acredita tenha resolvido mandar um presente desses para alguém como você.

— Como eu?

— Não importa, Liopôdo. Apenas fale com ela. Esse Mozart está ótimo. Quem é o pianista?

— Não sei, Lisa. Mas não é norte-coreano.

CAMINHADA

No final das aulas resolvi que falaria com ela. Não consegui prestar atenção em mais nada. Ela é linda, deslumbrante. Cabelos bem pretos, pele morena, dentes brancos, sorriso aberto, lábios meio úmidos sempre brilhando, de vez em quando levantava a sobrancelha meio desafiadora. Linda, uma miragem. Não, assim fica parecendo paisagem e ela é bem mais do que isso. Linda como uma menina morena de vermelho que está se levantando e vestindo uma capa amarela para ir embora. Todos saem reclamando da chuva que começou. Ela sai com amigas, a grande diplomata norte-coreana a tiracolo. Fora da escola, algumas entram nos carros que as esperam, outras se despedem e vão correndo, tentando se abrigar da chuva. Ela puxa um capuz sobre a cabeça, abraça os livros e os cadernos e vai andando. Eu vou atrás.

Ela caminha sem pressa. As ruas por onde entra e sai são residenciais, com pequenos prédios antigos e, de vez em quando, um casarão com jardim. Em um deles, vermelha e linda, ela entra. Quando me aproximo, vejo que há movimento, parece ser um lugar público e resolvo entrar. Há uma mesinha e uma velhinha simpática que vende ingressos — é o Museu Antonín Dvořák, o compositor tcheco. Mas já não vejo onde ela está. Lembrei da fita com a "Canção para a Lua", que Václav me emprestou, e a encontro no fundo da mochila. Quando começo a ouvi-la, fico imediatamente impressionado, tomado pela melodia estranha, linda, e começo a olhar o casarão com outros olhos, imaginando Dvořák por ali, sentado àquela mesa que está na minha frente.

Caminho pelos salões, onde estão expostas fotografias, instrumentos, partituras musicais, cada vez mais encantado. Até que, ao virar em um corredor, quase esbarro nela.

— Me desculpe! Sou desajeitado mesmo!

— Não foi nada — ela responde com um sorriso lindo.

— Você fala italiano.

— Você também.

— Um pouco. Você estuda na escola internacional.

— Você também.

Ela abre o sorriso e meu olhar fica preso naqueles lábios sempre molhadinhos. Como será que ela consegue?

— Você gosta? — ela pergunta.

— Muito, adoro, é maravilhoso...

— Eu também adoro Dvořák.

— Dvořák? — tentei me recuperar; pensava em outra coisa.

— É, você acabou de dizer que adora.

— Claro, claro, adoro Dvořák. Aliás, por que se diz "dvorják" e não "divorák"?

— Porque ele era tcheco e essa letra "r" acentuada com um circunflexo invertido se pronuncia assim.

— Claro, claro.

— Você não fala tcheco, não é?

— Falo sete palavras que não servem para montar nenhuma frase.

Ela riu. Ela riu! Foi bem mais do que um sorriso!

— Que coincidência, não é?

— Você também não fala tcheco?

— Eu falo. Coincidência nos encontrarmos aqui.

— É verdade. Nunca tinha estado aqui.

— Eu venho muitas vezes. Meu pai e eu sempre almoçamos em um restaurante aqui perto que tem umas cervejas que ele adora.

— *Pivo*.

— Exatamente, *pivo*. Você gosta?

— Só bebi uma vez.

— Você gosta mesmo de música?

— Eu sou doido por música. Não posso viver sem rock, sem música brasileira, sem Mozart.

— Mozart? Eu amo Mozart.

Pronto, fiquei hipnotizado por aquela boca perfeita dizendo um "ámo" tão italiano.

— É o máximo, uma coisa perfeita, inacreditável.

— Eu também acho tudo isso dele. Então você gosta de Dvořák.

— Eu conheço pouco, mas estava ouvindo uma ária de uma ópera dele.

— Qual?

— A "Canção para a Lua", da ópera *Russalka*. Ainda não deu para entender, só para ficar encantado...

— Posso ouvir um pouquinho? Eu choro de tão linda.

— Então é melhor não ouvir.

— Não, eu gosto. É choro de emoção, não de tristeza.

— Ah, bom...

Peguei o Walkman, dei os *headphones* para ela e voltei a fita para o início da ária. Quando começou a tocar, ela me ofereceu um dos lados dos fones. Eu me aproximei e comecei a ouvir que alguma coisa estava tocando, mas só conseguia pensar que estava pertinho dela, que conseguia sentir o perfume dos seus cabelos. De repente ela passou a se mexer bem devagar, lenta como a música, encostando-se no meu braço a cada vez que ia e vinha.

Então ela começou a se afastar e eu me dei conta de que a música tinha acabado. Tentava disfarçar as lágrimas — e estava ainda mais linda. Sem pensar, passei a mão pelo rosto dela para secar as lágrimas. Ela ficou encabulada, esfregou a minha mão para secá-la.

— Me perdoe, é sempre assim. Essa canção é perfeita, clara, intensa.

— Eu também a adoro. Seu pai já vai chegar?

— Em alguns minutos. Você sabia que vai ter Mozart regido pelo Kubelík hoje?

— Claro que sim. Você vai? Seu pai é diplomata?

— É embaixador da Itália, mas por pouco tempo. Vamos voltar pra casa. Eu vou ao concerto.

— O meu pai é embaixador do Brasil. Vamos nos encontrar por lá. Eu vou com um amigo.

— Aquele ali é o meu pai. Nos vemos no concerto?

— Claro. Até lá.

— *Ciao*, Leo. *Me chiamo* Michela.

— *Ciao*, Michela.

Deus, obrigado, você existe. Perdão! Me mande um castigo que não seja pesado demais nem doa muito. E que não atrapalhe o nosso encontro no concerto.

FINALMENTE

— O que aconteceu, Leo?

— Um milagre, Václav. Um milagre maravilhoso.

— Você está mais de uma hora atrasado para o almoço, já estava preocupado.

— Desculpe, não tive como avisar. Fui com a filha do embaixador da Itália até o Museu Dvořák. Linda, ela é linda, Václav.

— Acho bom você ir até a sala de estar. Há uma surpresa lá para você. Eu levo sua comida porque já sei que você não vai voltar.

Minha coleção chegou. São caixas e mais caixas enormes. Quando Václav veio com o meu almoço eu já estava tentando entender como estavam arrumadas e só com muita insistência parei para comer. Mas não parei de falar um minuto contando sobre a estranha norte-coreana chamada Lisa, como ela era o projeto mais bem-acabado de futura diplomata metidinha e autoritária. Contei sobre Michela, sobre sua blusa vermelha e a capa amarela, seus cabelos e o perfume que têm, como ouvimos Dvořák e ela chorou.

— Você vai ver como ela é linda, Václav. Ela vai ao concerto. Só faltava mesmo chegar aqui e encontrar a minha coleção. Não, falta mais uma coisinha só: meu pai ligar avisando que ficou preso em Brasília mais um mês. Pronto, só isso.

— Deixe de bobagem.

— Agora tenho tudo que quero. E você, meu amigo, vai ver o que é o rock and roll.

Passamos a tarde inteira ouvindo música. Václav estava tão animado e feliz quanto eu, e seus olhos brilhavam com os Beatles e os Rolling Stones, adorou o Who, quis conhecer a fundo o rock brasileiro, as bandas de Brasília, e eu lhe apresentei especialmente a Legião Urbana.

Václav perdeu-se em algum lugar secreto dentro dele mesmo. Estava de olhos abertos, mas não via nada. Nem sei se ainda ouvia o que o Renato Russo cantava. Quando acabou, seus olhos brilhavam de lágrimas que ele não escondia nem derramava. Eu não sabia o que fazer, o que dizer, e até ficar quieto me incomodava, o silêncio ali berrando. Mesmo sendo mestre de dizer bobagem, eu precisava arriscar alguma coisa.

— Václav, você está bem? Estou preocupado.

— Não foi nada, Leo. Coisa de velho. Saudades que os velhos sentem.

— Posso fazer uma pergunta?

— Se não esperar resposta, pode.

— Você não tem família? Está sempre aqui, mesmo nos sábados e domingos.

— Eu tive uma família, Leo, muitos anos atrás. Fui obrigado a me separar dela por coisas que não gosto de lembrar. Talvez numa outra hora eu lhe conte.

— Mas a sua família sabe que você está aqui?

— Sabe, mas não pode me ver. Quer dizer, agora até pode.

— E você não pode ir até eles?

— Talvez possa, mas ainda não tomei coragem. Não sei se eles sabem exatamente o que aconteceu, se me culpam por tantos anos de separação, se foram levados a acreditar que eu os abandonei. Nem sei mais onde vivem; não sei nada e sou um velho cheio de medos, o que me custará muito para vencer. Essa música me disse o que eu precisava ouvir: só o amor conhece a verdade. Perdoe seu amigo.

— Não há nada para perdoar, Václav. Você sabe como são os amigos; pode contar comigo.

— Eu sei. Muito obrigado. Está na hora de nos arrumarmos para o concerto. Espero você lá embaixo em meia hora, ok?

— Certo. Meia hora.

APLAUSOS

Václav está todo elegante, terno e gravata, no capricho. Eu escolhi a melhor roupa para tentar chamar a atenção da minha italiana linda, mas morria de medo de não agradar. Meu amigo me olhou com uma cara muito séria; não disse nada.

Nosso caminho foi diferente, porque o concerto seria em outro teatro. Quando chegamos, havia uma multidão na porta do prédio enorme, muito bonito, cercado de luzes, fotógrafos, câmeras de televisão, filas de automóveis, que paravam na porta para deixar homens e mulheres em trajes de gala, alguns com medalhas na farda ou no *smoking*. Václav parecia um pouco intimidado por toda aquela confusão. Mostrou-me um imenso mosaico sobre a porta de entrada e me explicou que se chamava *Homenagem a Praga*. Passamos entre as pessoas e percebi que muitas se surpreendiam ao ver Václav, comentavam, diziam seu nome. Quando atravessamos a grande porta de entrada, alguém gritou alguma coisa em tcheco e começaram a aplaudir. Ele me puxou com força para dentro do prédio. Em cada lado da entrada havia um restaurante grande. Avançamos devagar até os dois homens que verificavam os convites. Na nossa vez, os dois abriram caminho e se recusaram a receber os convites que Václav mostrou. Subimos a escadaria e entramos em um teatro imenso, lindo. Em volta, outra vez, muita gente olhava para ele, fazia comentários sussurrados, sorria e o cumprimentava com gestos. Václav tentava disfarçar olhando para baixo e mexendo no envelope dos convites com dedos nervosos.

Um ruído percorreu a sala, todos se viraram para ver chegar o presidente da República, Václav Havel. Houve uma salva de palmas retumbante, prolongada, enquanto ele acenava para o público, agradecendo. Quando se sentou, os aplausos foram diminuindo até desaparecerem. As luzes diminuíram, as cortinas se abriram revelando o palco enorme, onde a orquestra já estava toda arrumada. O público aplaudiu, os músicos se levantaram e, nesse exato momento, um homem alto, a cabeleira muito branca, o andar pausado e elegante, entrou pelo lado: era o maestro Rafael Kubelík. Todos no teatro se levantaram imediatamente, ovacionando Kubelík. Quando chegou ao centro do palco, estendeu ambos os braços na direção dos músicos mais próximos e os cumprimentou com as duas mãos. A primeira cadeira à sua esquerda, que Václav explicou ser a do *spalla*, estava vazia.

Quando o maestro se voltou para o público, as palmas e os gritos de saudação foram ensurdecedores. O maestro agradecia com a maior simplicidade e simpatia. Outra vez Václav se emocionou, como de tarde. Vi que o presidente também estava de pé, aplaudindo como todos os outros na sala. De repente, aqui e ali, surgiu uma melodia e rapidamente o público cantava o Hino Nacional. Em cada parte se viam homens e mulheres, velhos e jovens chorando. A orquestra começou a acompanhar e o maestro regeu de costas para ela, de frente para o público. No fim, a salva de palmas foi ainda maior. Os dois se saudavam — um escritor e um maestro liderando o país.

Assim que Rafael Kubelík se virou para a orquestra, um silêncio absoluto caiu sobre a sala. *Má Vlast*. A orquestra toca um tema glorioso. Outro tema aparece, misterioso, e também envolve a orquestra e se transforma em marcha. O segundo movimento é o mais conhecido, o mais querido dos tchecos, aquele que era tocado por músicos solitários escondidos durante a invasão soviética. Quantos deles estarão aqui?

Enquanto ouço, olho de lado para Václav, preocupado com o meu amigo e agradecido por toda essa música. Ele não está ali; está na música, e seus dedos se movem lentamente.

Ao se encerrar a execução de *Má Vlast*, mais aplausos e gritos de saudação. Kubelík agradece muitas vezes, faz a sua orquestra se levantar para receber os aplausos com ele. Václav está sentado, aplaudindo. O maestro sai do palco, os aplausos continuam; ele volta, mais aplausos, torna a sair, os aplausos não param. Ao retornar, pede silêncio e todos o atendem. Ele não fala alto, mas sua voz é ouvida em todo o teatro.

— Estou bastante feliz. Depois do exílio, que pareceu interminável, estou de volta à minha pátria, esta pátria que eu precisei deixar para não abandonar o meu povo. Contudo, no meu espírito eu sempre estive com vocês.

A cada pequena pausa que faz, todos aplaudem mais e mais.

— Acredito que a música e a arte se justifiquem apenas quando tentam tornar melhor a humanidade. Estou feliz por ter regressado.

São levadas braçadas de flores a ele, que abraça uma, agradece. Kubelík acena mais uma vez e o público agora respeita a vontade do maestro e não insiste que ele volte. Václav tenta se levantar rapidamente para sair, mas todos os corredores já estão tomados pelo público. Ele prefere voltar à sua poltrona, abaixa a cabeça e finge que está concentrado em alguma coisa. Como há muita gente em pé, ele não é visto de longe. Algumas pessoas mais próximas se dirigem a ele, sempre em tcheco, obrigando o meu amigo a responder, cumprimentar, sempre rapidamente e muito encabulado. Quando vê que a sala de concertos está quase vazia, ele se levanta, olha em volta e começa a admirar os detalhes, parando a sua admiração em algum lugar da plateia, do teto muito alto, do palco. Olha para mim sorrindo.

— Lembrar, Leo, pode ser muito bom. É só manter a consciência tranquila. Vamos passear?

NOITE

Na saída do teatro, vi Michela com a mãe e o pai. Fiquei olhando, sem saber o que fazer. Podia chamá-la, me aproximar, qualquer coisa que não fosse ficar postado no meio da calçada. Resolvi me aproximar. Václav estava logo atrás e percebeu o que acontecia.

— *Ciao*, Michela.

— Leo, que bom que você veio. Não foi histórico, Leo, inesquecível?

— Foi sim. Eu não vi você lá dentro.

— Eu vi vocês dois. É seu pai?

Václav estava logo atrás de mim quando eu me virei para apresentá-lo.

— Este é Václav, meu melhor amigo em Praga. É que eu tenho outro melhor amigo, o Felipe, mas ele mora lá no Rio de Janeiro. Esquece... Václav, esta é a Michela.

Os dois se cumprimentaram e ela nos apresentou aos seus pais. A mãe era linda e o pai era um sujeito simpático, falante, começou a contar sobre suas viagens ao Brasil, que conhecia bem. Perguntaram pelos meus pais e eu expliquei que chegariam no dia seguinte. Eles já se conheciam, ambos embaixadores, cerimônias governamentais, coisas desse tipo.

— Seu pai conhece bem a história tcheca. Fiquei impressionado com as boas ideias dele para o comércio entre os nossos países. Estamos indo jantar; querem nos acompanhar?

— Obrigado, senhor embaixador. Eu tinha prometido caminhar para mostrar a ele um pouco de Praga na primavera, sem neve. Não querem nos acompanhar?

— Infelizmente eu tenho um compromisso inadiável com a minha fome.

— Estou sem fome.

— Eu também, Leo. Não quer ir conosco, Michela?

— Claro, senhor Václav.

— Se permitirem, caminharemos um pouco, comeremos alguma coisa e por volta das 10 horas nós a deixaremos na embaixada.

Os pais dela concordaram antes que meu coração saísse pela boca. Nos despedimos e fomos caminhando devagar. Michela ficou entre nós dois, segurando o meu braço e o de Václav. As ruas estavam lotadas, as vitrines acesas, e por toda a parte havia artistas de rua tocando copos de cristal com as pontas dos dedos, fazendo exibições impressionantes com marionetes. Michela ficou horrorizada com um homem engolindo uma espada e escondeu o rosto no meu ombro. Eu pus a mão sobre a cabeça dela e senti sua mão apertando meu braço.

— Lindo o seu vestido, Michela.

— Obrigada, Leo. Nós da Itália entendemos disso.

— Vocês da Itália sabem de tudo. Não é, Václav?

— Claro que sim. Principalmente de música.

— Acho que principalmente de carros.

— Acho que os dois estão errados: nós entendemos mesmo é de comida. Estou vendo ali na frente a comida mais universal que existe. O que acham de comermos uma pizza?

— Faz uns 20 anos não como uma pizza!

— Então já está na hora, senhor Václav.

— É obrigatório você me chamar de senhor, Michela?

Quando entramos, vi o lugar lotado de gente jovem, e Václav abriu um sorriso de satisfação. Sentamos a uma mesa apertada; ele fez o nosso pedido ao garçom apressado. Ela estava bem perto de mim, sorrindo, esfregando as mãozinhas de animação.

— Que concerto, vocês não acham? Que homem aquele, que exemplo. Meu pai hoje me contou um pouco da história dele que saiu nos jornais e eu não pude acreditar. Não perco o concerto de domingo por nada neste mundo. Vocês irão?

— Com certeza, não é, Václav?

— Você sim, Leo. Seu pai e sua mãe chegam pela manhã e eu fui informado pelo pessoal da embaixada que ele mandou marcar os lugares para os três. Vou fazer compras.

— Você tem que vir conosco, Václav.

— Já estou satisfeito. Depois, à noite, vamos ouvir Mozart. Você vai, Michela?

— Claro! Vou tentar aproveitar ao máximo esse festival porque logo voltaremos para a Itália.

— Podemos ir juntos aos concertos e às óperas.

— Claro, Leo, iremos juntos a tudo enquanto eu estiver em Praga, não é?

— Só depende de você. Sua amiga Lisa também vai?

— Ela discorda do festival. Acha que os porcos imperialistas vão aproveitar para fazer propaganda política contra os companheiros da vanguarda popular. Vai ficar em casa.

— Você também pensa assim?

— Não, claro que não.

— Ela é estranha. Nunca pensei que houvesse uma norte-coreana chamada Lisa.

— E não há. Como o nome dela é impronunciável para uma italiana, eu comecei a chamá-la de Lisa, ela gostou e o nome pegou.

— Nossa pizza chegou. Vou servir vocês.

Michela falou o tempo todo, sorrindo, gesticulando, criticando a muçarela e o molho de tomate. Václav ouvia com muita atenção as explicações que ela dava sobre temperos, tempos de cozimento, nós dois impressionados com o fato de ela já saber tudo aquilo sobre culinária. A explicação era óbvia.

— Na Itália nós sabemos tudo sobre comer bem. Também sobre bons vinhos. E música. Artes plásticas também. E também temos uma literatura maravilhosa.

— E os carros, não é, Leo?

— E mulheres lindas.

Só para provar que era perfeita, Michela fez um biquinho inesquecível com aquela sua boquinha molhada.

MESTRE

Depois de comermos muito e combinarmos os detalhes sobre a programação da semana, resolvemos caminhar até um lugar onde fosse mais fácil achar um táxi. Václav tinha um sorriso pregado no rosto. Talvez fosse a primavera, talvez a noite alegre, cheia de gente pelas ruas. Talvez fosse a nossa juventude, ou talvez a garrafa de vinho que ele bebeu. Quando saímos, Michela se convenceu de que não precisava mais ficar entre nós dois e se apoiou no meu braço. Cruzei os braços e segurei a sua mão. Ela sorriu, Václav olhou para o outro lado e eu me concentrei em fingir que tudo estava sob controle. Michela tinha percebido que muita gente olhava para Václav, o que o encabulava. Na quinta vez que alguém o chamou de "professor", ela decidiu perguntar e eu respondi.

— É um hábito daqui de Praga chamar os mais velhos de "professor".

— Não é não. Foi ele que disse isso?

— Foi.

— E você acreditou?

— Não. Meu amigo é meio misterioso, mas achei melhor não pressioná-lo.

— E como foi que ficaram amigos?

— Nós adoramos música. Aliás, não conversamos sobre os concertos de amanhã, Václav.

— Depois faremos isso. Não vamos aborrecer a Michela com as nossas manias.

— Por que não conversamos agora? Eu adoraria. Nunca ouvi esses concertos antes.

Václav tentou resistir um pouco, mas na verdade estava doido para falar dos concertos. Explicou que, apesar de muitos compositores já terem escrito para essa formação, foi Mozart quem consagrou o concerto para piano com um esforço calculado.

— Acontece que o público adora os virtuoses dos instrumentos. Nosso amigo sabia que suas apresentações como pianista chamavam mais a atenção do que as suas composições. Ele resolveu fazer de um o caminho para o outro: escreveu concertos para piano e orquestra como ninguém, para ele mesmo tocar. Os dois concertos que vamos ouvir amanhã são o esforço de Mozart para mostrar que o compositor era mais brilhante do que o pianista. O *Concerto para Piano n.º 21* foi composto para uma "academia", como eram chamados os concertos que ele mesmo organizava e esperava viver deles como artista independente. Naquele ano, 1785, o sucesso era extraordinário em todos os seus empreendimentos. Nos concertos, fez questão de não incluir nenhum exibicionismo de "pianismo", de "tecladice" fútil, para mostrar sua capacidade de lidar com essas duas massas poderosas de sonoridade, o piano e a orquestra atuando juntos, não um após o outro. O *n.º 21* foi um sucesso estupendo. É como se Mozart nos lembrasse: "Música! Mais música do que dedos!"

— Não me esqueço mais disso, Václav.

— Não se esqueça mesmo, Michela. Quando ouvir uma obra, procure sempre a música. Já o *n.º 27* foi o último concerto de Mozart para piano e estreou numa apresentação organizada por Joseph Bahr, um clarinetista que o convidou para participar quase como um favor ao amigo endividado, pobre, com a saúde já bastante debilitada. O tema inicial é de uma beleza tão grande quanto simples, como uma canção. E Mozart sabia que o público esperava dele essas melodias sedutoras. Ao mesmo tempo, parece a obra de uma criança. Não porque seja ingênua, mas pela alegria. Sempre que o ouço penso naquele Mozart adulto, depois de tantas derrotas, usando suas habilidades amadurecidas para se lembrar daquele menino alegre, sedento de amor, sem direito a qualquer brinquedo, a não ser a sua caixinha de música. E foi assim que entendeu como a música funciona e resolveu usá-la para desvendar o mistério que persegue os nossos melhores: a humanidade — do que é feita, o que sente, o que pode e o que sabe sobre o quanto pode.

— Eu nunca tinha pensado sobre música assim.

— Vai pensar, Michela. Václav vai mostrar quanta coisa é música além do que a música é.

— Eu faço isso? — meu amigo fingiu uma cara de espantado.

— Sempre.

— Que horror. E como é que você aguenta?

Rimos felizes andando pelo lugar encantado que, naquela noite, era Praga.

TÁXI

Um carro velho, com peças amarradas com arame. Václav disse alguma coisa em tcheco que fez o motorista cair na gargalhada e logo os três estavam rindo.

— Vocês querem me dizer o que está acontecendo? Eu não entendo tcheco.

— Václav mandou o motorista não correr porque é impossível para este carro!

Não demoramos muito a chegar. Václav se despediu de Michela dentro do carro. Amigo é pra essas coisas. Fui com ela até o enorme portão de madeira, onde um guarda bateu continência e continuou mirando um horizonte inexistente. Ela olhou para mim quieta. Eu decidi que havia outra coisa além da música que merecia quebrar o silêncio: um beijo. Não, dois beijos. Pronto, três e acabou.

— Tenho de entrar, Leo. Vamos nos encontrar domingo na praça, para o concerto. Você sabe que eu escolhi você, não sabe?

— Não acredito ainda. Posso saber por quê?

— Porque o meu coração mandou.

CAFÉ DA MANHÃ

Acordei feliz, com fome, com vontade de pular, gritar, correr, de contar para o Felipe, para o Antônio, o Pedro, a Carolina, a Clarisse, a Alice, a Laurinha, que o mundo estava girando ao contrário, que ia voltar até um momento em que todos estivéssemos juntos, eles e eu, Helena, Maria, meu avô, minha mãe e meu pai, Václav e Jan e a minha Michela — momento em que ele pararia para que pudéssemos ser felizes para sempre; um mundo onde cresceríamos juntos e aprenderíamos juntos a ser felizes. Uma Terra do Sempre.

Tudo isso agora era possível porque eu tinha amigos, a minha coleção comigo e o meu pai poderia chamá-la como quisesse. Tudo era possível porque eu tinha sido escolhido pelo coração da menina mais linda do mundo em todos os tempos. Desci correndo as escadas e ouvi vozes na copa. Minha mãe e meu pai tinham chegado e ela abriu os braços e veio me dar um beijo. Abracei minha mãe e, sem o menor esforço, eu a levantei do chão e rodei várias vezes, enquanto ela dava gritinhos.

— Meu filho, que saudade. Você cresceu.

— Não, mãe, foi você que emagreceu.

Ela me olhou com o canto dos olhos, satisfeita. Olhei para o meu pai e, para a minha surpresa, ele estava em pé, com os braços abertos e sorria. Dei nele um abraço forte, com todos aqueles tapas nas costas, que é como os homens se abraçam.

— Já soube que a sua coleção chegou, Leo.

— A nossa, pai.

Ele me chamou de Leo? Minha mãe pediu licença para tomar um banho e tentar descansar da viagem. Tive a impressão de que queria me deixar sozinho com meu pai.

— Vocês voltaram antes.

— Consegui resolver tudo muito rápido. Já soube que as coisas correram bem por aqui, e Václav me disse que você adorou a apresentação de ontem. Disse que foi memorável.

— Foi sim, pai. Acho que eu presenciei mais um momento histórico.

— Pelo que eu soube, então foram dois.

— Foram sim. Depois eu conto tudo. Como está o Brasil?

— Confuso, meu filho. Precisamos conversar. Pode ser agora?

— Quando você quiser, pai.

— Vou direto ao assunto. Vou deixar a embaixada. Apesar de isso contrariar todas as regras do Itamaraty, vou ser transferido.

— Mas isso é um absurdo! Por que fizeram isso?

— O novo ministro não é um diplomata de carreira. Havia exigências sobre interesses de alguns empresários ligados ao atual presidente e eu não concordei. Simples assim.

— Vamos voltar ao Brasil?

— Não vão me fazer regressar nem me enviarão para lugares distantes, postos de sacrifício, como se diz, porque não podem me transformar em vítima. Devo receber uma missão secundária em um consulado na Itália ou na Alemanha.

— Itália!

— Claro, Itália. Já entendi. Conheço o pai dela.

— Itália, pai. Itália!

— Veremos; não depende de mim. De qualquer forma, vamos combinar uma coisa.

— O quê?

— Que vamos tentar nos entender. O melhor que pudermos.

— É tudo que eu quero. O meu medo é que você parece gostar de brincar de gangorra.

— Leo, crescer é muito complicado. É doloroso, fantástico, ameaçador, excitante. Altos e baixos. Quando crescemos, a figura do pai também se alterna assim, dramaticamente, herói e crápula. Uma hora ele está lá no alto, o céu por trás; logo depois está no chão, derrubado, não vale nada. Talvez ainda voltemos para a gangorra, mesmo sem nenhum de nós dois querer. Quero que você se lembre, que tenha confiança, certeza de que, nos altos e baixos lá na gangorra, estaremos um de frente para o outro. Eu estarei lá, atento, olhando para você. E isso também me ajudará a entender e corrigir os meus erros. Ah, tem mais uma coisa.

— O que é?

— Cancelei a venda da casa da sua avó.

O ENCONTRO

Aquela é a praça mais bonita que eu já vi. Os prédios pequenos e coloridos, as imensas torres da Igreja de Nossa Senhora de Týn, o Monumento a Jan Hus — o reformador religioso, símbolo de integridade —, a Igreja de São Nicolau. Virado para a Torre do Relógio, ao lado do Palácio Kinský, estava o palco e, diante dele, um espaço reservado, no qual ficaríamos. Depois, até onde a vista alcançava, uma multidão maciça, compacta.

Na ponta da mesma fileira em que nos sentamos, Michela e seus pais acenaram para mim. Meu pai acenou para o seu colega italiano, que retribuiu com o maior entusiasmo. Os músicos da orquestra foram entrando, o público aplaudiu. Quando afinam os instrumentos se forma uma massa sonora desarrumada, desconjuntada, que eu acho linda. Reparei que a cadeira do *spalla* continuava vazia. De repente, uma onda de aplausos e gritos de saudação varreu a praça — lentamente, lá detrás, veio entrando no palco a figura serena do maestro Rafael Kubelík. Ele caminhou até o centro do palco, onde a orquestra o aguardava de pé, agradeceu e se dirigiu ao microfone colocado ali para ele. Silêncio absoluto. Eu e minha mãe nos aproximamos do meu pai para ele traduzir para nós o que o maestro ia dizer.

— Na noite da abertura do Festival de Música Primavera de Praga, nós tocamos *Má Vlast* com emoção e alegria imensas. Hoje estamos aqui para juntos reunirmos outra vez o país e a nação. Há 42 anos, numa noite muito triste, embarquei em um pequeno avião que me levou para o exílio, que eu não sabia que podia durar tanto. Antes de embarcar, tirei da pasta a minha batuta e a entreguei ao amigo que arriscara tudo para me salvar. Disse a ele que aquela batuta era um símbolo do que somos, dos nossos valores, da nossa memória e dos nossos sonhos. Pedi a ele que guardasse aquele símbolo, que a vida nos permitisse estar presentes para assistir, hoje, o país e a nação se reencontrarem. E eu estou aqui.

A multidão aplaude e grita, e há gente chorando, inclusive a minha mãe.

— Vinte anos depois daquela noite, Há 22 anos da data de hoje, esta orquestra e eu nos encontramos em Lucerna, na Suíça, onde eu lhes dei uma medalha comemorativa dos 50 anos da nossa república. Eu e meu amigo voltamos então a nos encontrar, mas a pátria e a nação ainda não estavam juntas e eu não pude aceitar de volta aquela batuta. Infelizmente, a identidade daquele amigo, guardada durante tanto tempo, foi revelada e, na sua volta, ele foi obrigado a refugiar-se em uma embaixada da qual não podia sair para não ser preso... ou morto. Ele era o *spalla* desta orquestra e um dos melhores músicos da Tchecoslováquia. Todos nós decidimos que ele será o nosso *spalla* para sempre, mesmo que não toque mais o seu violino. Eu quero que ele, agora, finalmente, venha até aqui me devolver aquela batuta.

O silêncio é impressionante. A orquestra toda se levanta e se volta para a esquerda do palco, que está à minha direita. Um homem de cabeça branca sobe por uma pequena escada de madeira bem devagar, olhando para a orquestra, o que nos impede de ver seu rosto. Rafael Kubelík está de frente para ele e estende as duas mãos para receber a batuta. O homem se aproxima e olha para o maestro. Lentamente pousa a batuta sobre as suas mãos e só então olha a multidão. Não acredito no que vejo: o *spalla* é Václav! Rafael Kubelík o abraça e ele retribui timidamente. O maestro vai até o microfone.

— *Děkuji vám, Václav.*

A multidão repete várias vezes, num clamor.

— *Děkuji vám, Václav! Děkuji vám, Rafael! Děkuji vám, Václav! Děkuji vám, Rafael!*

O maestro leva Václav até a cadeira do *spalla* para que ele se sente. Volta para a frente da orquestra e, ao seu sinal, a harpa começa a tocar *Má Vlast*. E eu repito baixinho o grito da multidão: *Děkuji vám, Václav!* Obrigado, Václav!

JARDIM

Quando olhei pela janela, ele podava alguma planta no jardim completamente florido. Olhei os telhados em volta e percebi que já reconhecia a cidade, o que logo se tornaria saudade. Desci para a copa, como todos os dias, onde Jan me esperava com pratos repletos de panquecas, ovos mexidos, fatias grelhadas de presunto, potes de mel, geleia, tortas de chocolate, maçã, caramelo. Um banquete. Meus pais ainda dormiam. Václav entrou carregando uma braçada de flores de todos os tipos, que entregou a Jan.

— São para sua mãe fazer arranjos. Ela me disse que gosta.

— Seu segredo foi revelado. Eu sabia. Não podia imaginar qual fosse, mas sabia que havia um mistério. Fiquei orgulhoso de você, meu amigo. Você é um herói!

— Bobagem, Leo. Sou mesmo é seu amigo. Espero que você entenda que eu não podia dizer nada. Estou preso aqui há mais de 20 anos, protegido pelo Brasil, por seus diplomatas. Meu compromisso era não dizer nada, nunca. Você chegou no exato momento em que, como o resto do meu país, eu recuperava a liberdade. E fiquei feliz de compartilhar com você esses momentos tão importantes.

— Aquela noite, quando fomos à ópera, foi a primeira vez que você saiu?

— Foi sim. E nunca mais vou me esquecer da nossa noite no Slavia.

— Nem eu. Agora entendo por que as pessoas chamavam você de "professor", por que não queriam cobrar nem pedir nada, por que o cumprimentavam tanto, Václav. Posso fazer uma pergunta?

— Se não esperar resposta...

— Onde você foi naquela noite, todo arrumado, nervoso, deixando tudo cair?

— Então você viu, seu bisbilhoteiro? Fui me encontrar com Kubelík. Quero agora reencontrar minha mulher, meus filhos. Tudo está esclarecido e daqui para a frente poderemos ficar juntos outra vez.

— E depois? O que você vai fazer?

— Tenho muitos planos. Vou continuar a ser o mordomo e o jardineiro da embaixada até seu pai deixar o posto. Aí me aposento e vou conhecer o Brasil.

— Meu pai sabia do seu segredo?

— Claro, ele é o embaixador. Você deve ter muito orgulho dele e dos diplomatas do seu país.

— Eu tenho. Quando for ao Brasil, você vai ter de passar pelo batismo da Confraria e reservar uma tarde inteira para mostrar alguma música para a turma. Acho que podemos começar a ouvir mais algo. Só para preparar. Hoje à tarde?

— Claro, hoje à tarde. Ainda não sei bem o quê.

— Que tal Beethoven?

CRÉDITOS DAS MÚSICAS

Another brick in the wall (Part 2) — Pink Floyd
© *Roger Waters / BMG Rights Management Brasil*

Wish you were here — Pink Floyd
© *Roger Waters-David Gilmour / BMG Rights Management Brasil / Peermusic do Brasil Edições Musicais*

Over the rainbow — Judy Garland
© *Harold Arlen-E. Y. Harburg / Sony Music Publishing*

Johnny B. Goode — Chuck Berry
© *Chuck Berry / BMG Rights Management Brasil*

Roll over, Beethoven — Chuck Berry
© *Chuck Berry / BMG Rights Management Brasil*

Tutti frutti — Little Richard
© *Dorothy LaBostrie-Richard Penniman / Warner Chappell Brasil*

Love me tender — Elvis Presley
© *Vera Matson-Ken Darby-George Poulton-Elvis Presley / Universal Music Publishing / Sony Music Publishing*

Iron Man — Black Sabbath
© *Bill Ward-Ozzy Osbourne-Tony Iommi-Geezer Butler / Sony Music Publishing*

Wheels of confusion — Black Sabbath
© *Bill Ward-Ozzy Osbourne-Tony Iommi-Geezer Butler / Sony Music Publishing*

Alabama song — The Doors
© *Bertold Brecht-Kurt Weill / Universal Music Publishing*

Pride (In the name of love) — U2
© *Bono-The Edge-Adam Clayton-Larry Mullen / Universal Music Publishing*

Sunday, Bloody Sunday — U2
© *Bono-The Edge-Adam Clayton-Larry Mullen / Universal Music Publishing*

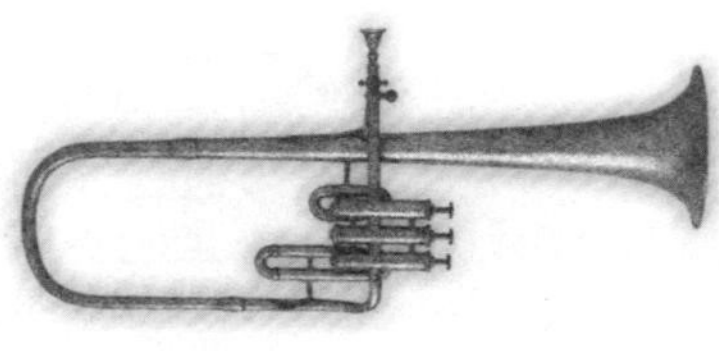

With or without you — U2
© *Bono-The Edge-Adam Clayton-Larry Mullen / Universal Music Publishing*

Là ci darem la mano — Cecilia Bartoli, Bryn Terfel; Orchestra dell'Accademia Nazionale di Santa Cecilia; Myung-Whun Chung (regente)
Wolfgang Amadeus Mozart-Lorenzo Da Ponte (em domínio público)
O circo místico — Zizi Possi
© *Edu Lobo-Chico Buarque / Lobo Music Produções Artísticas / Marola Edições Musicais*

Beatriz — Milton Nascimento
© *Edu Lobo-Chico Buarque / Lobo Music Produções Artísticas / Marola Edições Musicais*

Voi che sapete — Cecilia Bartoli; Wienner Kammerorchester; György Fischer (regente)
Wolfgang Amadeus Mozart-Lorenzo Da Ponte (em domínio público)

Créditos de imagens
Capa: © Andrea Lehotska/Shutterstock; © Joel Carillet/iStock; Divulgação; © Massimo Virgilio/Unsplash; © Racool_studio/Freepik; © Lucia Macedo/Unsplash; © Namroud Gorguis/Unsplash. Página 1: © Immo Wegmann/Unsplash. Página 5: © Alenkadr/Freepik. Página 6: © Alice Denysenko/Unsplash. Página 240: © The Crosby Brown Collection of Musical Instruments, 1889/Public Domain.

Ouça aqui
a playlist
completa
do livro

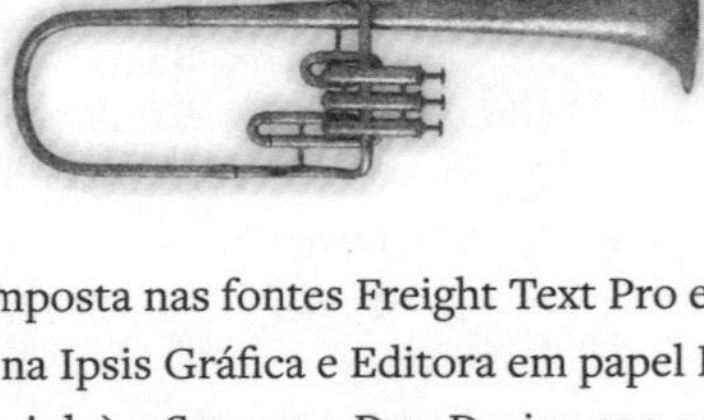

Obra composta nas fontes Freight Text Pro e Akrobat.
Impressa na Ipsis Gráfica e Editora em papel Pólen Bold
90 g/m^2 (miolo) e Supremo Duo Design 250 g/m^2 (capa).